广东省铁路工程施工标准化指南系列丛书

广东省铁路工程施工安全标准化指南

第一分册 管理行为

广东省交通运输厅 组织编写

人民交通出版社股份有限公司

北京

内容提要

本指南是《广东省铁路工程施工安全标准化指南》第一分册。主要内容包括：总则，安全生产方针、目标、组织机构及职责，安全生产管理制度，安全风险管理，安全生产费用管理，人员、大型机械和特种设备安全管理，安全教育培训，安全技术管理，工程线安全管理，安全生产检查，安全生产应急管理，生产安全事故管理，安全生产内业资料管理，"平安工地"考核评价。

本指南可作为广东省铁路工程建设项目参与方管理人员、技术人员的工作指南。

图书在版编目（CIP）数据

广东省铁路工程施工安全标准化指南. 第一分册，管理行为 / 广东省交通运输厅组织编写. —北京：人民交通出版社股份有限公司, 2022.6
ISBN 978-7-114-17816-0

Ⅰ.①广… Ⅱ.①广… Ⅲ.①铁路施工—安全管理—广东—指南 Ⅳ.①U215.8-62

中国版本图书馆CIP数据核字（2021）第277663号

Guangdong Sheng Tielu Gongcheng Shigong Anquan Biaozhunhua Zhinan Di-yi Fence Guanli Xingwei

书　名：	广东省铁路工程施工安全标准化指南　第一分册　管理行为
著 作 者：	广东省交通运输厅
责任编辑：	朱明周　郭晓旭
责任校对：	赵媛媛
责任印制：	刘高彤
出版发行：	人民交通出版社股份有限公司
地　　址：	（100011）北京市朝阳区安定门外外馆斜街3号
网　　址：	http://www.ccpcl.com.cn
销售电话：	（010）59757973
总 经 销：	人民交通出版社股份有限公司发行部
经　　销：	各地新华书店
印　　刷：	北京印匠彩色印刷有限公司
开　　本：	889×1194　1/16
印　　张：	5.25
字　　数：	106千
版　　次：	2022年6月　第1版
印　　次：	2022年6月　第1次印刷
书　　号：	ISBN 978-7-114-17816-0
定　　价：	62.00元

（有印刷、装订质量问题的图书由本公司负责调换）

《广东省铁路工程施工安全标准化指南
第一分册　管理行为》

编审委员会

主 任 委 员：贾绍明

副主任委员：杨晓华　梁育辉　王　新

委　　　员：郑　彪　许传博　符　兵　邹　洵

　　　　　　王爱武　黄力平　谭　文　陈　波

　　　　　　李良信　陈山平　郭明泉　张晓占

《广东省铁路工程施工安全标准化指南
第一分册 管理行为》

参与单位

主编单位： 广东省铁路建设投资集团有限公司

广东珠三角城际轨道交通有限公司

参编单位： 广州地铁集团有限公司

深圳地铁集团有限公司

中铁南方投资集团有限公司

中铁二局集团有限公司

中铁四局集团有限公司

中铁隧道局集团有限公司

参与人员

主要起草人员： 邹　洵　陈山平　李　旸　车玉富　林耿雄
　　　　　　　　黄刚明　文智凤　刘应才　刘海员　杨支松
　　　　　　　　冉　宇　田广积　周大鸿　连学鑫　陈东燕

主要审查人员： 王　新　许传博　符　兵　张晓占　王爱武
　　　　　　　　陈　波　郭明泉　林熠钿　张文辉　陈利红
　　　　　　　　张　宬　李明国　刘　琦　王立军　柴大庆
　　　　　　　　孙兆远　陆永芳　周诗民

PREFACE 前 言

安全生产是关系人民群众生命财产安全的大事，是经济社会协调健康发展的标志。发展绝不能以牺牲人的生命为代价，这应作为一条不可逾越的红线。在发展中，必须坚持以人民为中心，树立安全发展、绿色发展理念，坚持安全第一、预防为主、综合治理的方针，建立生产经营单位负责、职工参与、政府监管、行业自律和社会监督的机制，防范各类事故，坚决遏制重特大安全事故。

近年来，通过全面推行标准化管理，广东省铁路"安全标准化工地"及安全生产标准化建设取得了较好成效，但仍存在一些单位和人员对安全生产的认识不到位、重视不够、落实不力，以及安全教育培训流于形式、安全标准化水平不高等问题。

当前，广东省正在深入推进以铁路为主干的综合立体交通网建设，全力打造"轨道上的大湾区"，铁路建设规模总量大、点多线长面广，安全生产形势严峻。为切实加强铁路建设工程安全生产管理，提高安全生产管理水平和实效，结合现代安全管理的新理念、新思路，广东省交通运输厅组织广东省铁路建设投资集团有限公司等单位编写了《广东省铁路工程施工安全标准化指南》（以下简称《指南》）。

《指南》以推行施工规范化管理、标准化施工为抓手，定位于规范广东省铁路工程参建单位安全生产管理工作，通过完善安全生产制度，明晰安全生产责任，夯实基础，强化基层管理，促进各单位真正把安全生产放在首要位置，真正落实"一岗双责"，做到关口前移、超前预控、有效防范，构建长效机制。《指南》由《管理行为》和《安全技术》两册组成。

本册为《管理行为》，立足于项目全员、全过程安全管理，面向省管铁路项目参建单位，突出重难点问题，着力于构建铁路施工安全管理体系，明确了符合工程实际、可操作的安全生产管理行为标准，建立务实高效、持续改进的运行机制，落实企业安全生产主体责任，实现安全生产管理制度落地生根，以期提升广东省铁路工程施工"本质安全"能力，为实现"平安交通"奠定坚实基础。本书分为14章，各部分既独立成章，又相互补充，明确了管理责任主体、管理内容和标准，规范了管理程序。

在《指南》编写过程中，广东省铁路建设投资集团有限公司、广州地铁集团有限公司、深圳地铁集团有限公司、广东省交通运输建设工程质量检测中心、广东珠三角城际轨道交通有限公司、中铁南方投资集团有限公司、中铁二局集团有限公司、中铁四局集团有限公司、中铁隧道局集团有限公司等单位给予了大力支持，并共同参与《指南》的编写工作，在此表示感谢。

本《指南》适用于广东省新建、改扩建铁路工程施工安全管理，大修和其他工程可参照执行。对本指南未涵盖的内容，应依据现有法律、法规和行业标准执行。由于编写时间仓促，难免存在不足之处，请各单位在执行过程中，将发现的问题和意见函告广东省交通运输厅地方铁路处。地址：广州市白云路27号，邮政编码：510101。

广东省交通运输厅
2022年6月

CONTENTS 目 录

1 总则 ·· 1

2 安全生产方针、目标、组织机构及职责 ····················· 2

   2.1 安全生产方针 ··· 2
   2.2 安全生产目标 ··· 2
   2.3 安全生产组织机构 ·· 3
   2.4 安全生产管理责任 ·· 5

3 安全生产管理制度 ··· 10

   3.1 一般规定 ·· 10
   3.2 建设单位安全生产管理制度 ···································· 10
   3.3 监理单位安全生产管理制度 ···································· 11
   3.4 施工单位安全生产管理制度 ···································· 12
   3.5 安全生产管理制度编制要求 ···································· 14
   3.6 安全生产管理制度实施要求 ···································· 14
   3.7 安全生产管理主要制度 ·· 15

4 安全风险管理 ·· 20

   4.1 一般规定 ·· 20

4.2 安全风险管控 ·· 21

5 安全生产费用管理 ·· 24

5.1 一般规定 ·· 24
5.2 安全生产费用管理的职责 ·· 24
5.3 安全生产费用的使用 ·· 25
5.4 安全生产费用计提和支付 ·· 28

6 人员、大型机械和特种设备安全管理 ·· 30

6.1 一般规定 ·· 30
6.2 施工作业人员管理 ·· 30
6.3 特种作业人员管理 ·· 31
6.4 大型机械和特种设备管理 ·· 31

7 安全教育培训 ·· 33

7.1 一般规定 ·· 33
7.2 安全教育培训对象与要求 ·· 34
7.3 新进场工人三级安全教育培训 ·· 35
7.4 特种作业人员安全教育培训 ·· 36

8 安全技术管理 ·· 37

8.1 一般规定 ·· 37
8.2 危险性较大工程专项施工方案 ·· 37
8.3 安全技术交底 ·· 41
8.4 安全科技与信息化应用 ·· 42

9 工程线安全管理 ·· 44

10 安全生产检查 ·· 46

10.1 一般规定 ·· 46
10.2 安全生产检查内容 ·· 46
10.3 安全生产检查方法 ·· 50

10.4	安全生产检查类型及频次	50
10.5	安全生产检查整改程序	51

11　安全生产应急管理

11.1	一般规定	53
11.2	应急预案	54
11.3	应急演练	55

12　生产安全事故管理

12.1	生产安全事故等级	57
12.2	铁路交通事故处理	57
12.3	生产安全事故报告及响应	58
12.4	事故处理	59

13　安全生产内业资料管理

13.1	一般规定	60
13.2	归档范围及要求	62

14　"平安工地"考核评价

14.1	一般规定	68
14.2	评价	69
14.3	奖惩	70

1 总则

1.0.1 为推进铁路工程建设和安全管理标准化，规范施工安全管理，预防和减少生产安全事故，编制本指南。

1.0.2 本指南依据《中华人民共和国安全生产法》《中华人民共和国铁路法》《中华人民共和国建筑法》《建设工程安全生产管理条例》《铁路安全管理条例》《广东省安全生产条例》等法律法规及相关标准、规范编制。

1.0.3 本指南适用于广东省主导投资建设的城际铁路、地方铁路、专用铁路、铁路专用线、广东省审批核准的高速铁路和中国国家铁路集团有限公司（以下简称"国铁集团"）与广东省人民政府联合审批省方控股合资铁路等省管铁路新建、改（扩）建工程。

2 安全生产方针、目标、组织机构及职责

2.1 安全生产方针

2.1.1 安全生产工作应当以人为本,坚持人民至上、生命至上,把保护人民生命安全摆在首位,树牢安全发展理念,坚持"安全第一、预防为主、综合治理"的方针,从源头上防范和化解重大安全风险,坚决遏制生产安全事故。

2.1.2 安全生产工作实行"管行业必须管安全、管业务必须管安全、管生产经营必须管安全",坚持党政同责、一岗双责、齐抓共管、失职追责,强化和落实生产经营单位主体责任与政府监管责任,建立生产经营单位负责、全员参与、政府监管、行业自律和社会监督的机制。

2.2 安全生产目标

2.2.1 项目开工前,建设、勘察、设计、施工、监理等参建单位应制订安全生产目标,以正式文件形式发布。安全生产目标应包括事故类、管理类。

1 事故类:杜绝生产安全、火灾、特种设备、道路交通和因工程建设引起的铁路交通、路外伤亡等较大及以上责任事故,防止生产安全、火灾、特种设备、道路交通、铁路交通和路外伤亡等一般责任事故。鼓励工程项目安全生产管理设立"零事故""零伤亡"目标。

2 管理类:创建安全标准化工地、平安工地、品质工程、安全生产科技创新奖项等。

2.2.2 建设单位应制订工程项目安全生产目标并在招标文件及施工合同中载明。勘察、设计、监理及施工等参建单位根据工程项目安全生产目标及本企业安全生产目标制订本标段的安全生产目标。

2.3 安全生产组织机构

2.3.1 建设单位安全生产组织机构

1 建设单位应结合自身组织机构成立安全生产委员会（以下简称"安委会"），由主任、常务副主任、副主任、委员组成。原则上，安委会主任应由建设单位主要负责人担任，可实行安委会"双主任"制。副主任应由分管安全生产的负责人、其他分管领导担任。委员应由各部门负责人组成。

2 安委会应下设安全生产委员会办公室，负责处理安委会日常工作。

3 建设单位安委会、安委会办公室的成立及主要人员发生变更时，应以正式文件公布。

4 建设单位应设置安全生产管理机构，配备专职安全生产管理人员，并满足以下标准：

1）工程项目的建安投资额在30亿元及以下时，应配备至少3名专职安全生产管理人员；建安投资额在30亿~100亿元时，应配备至少5名专职安全生产管理人员；建安投资额在100亿~500亿元时，应配备至少7名专职安全生产管理人员；建安投资额在500亿元以上时，应配备至少9名专职安全生产管理人员。

2）采用新技术、新工艺、新设备、新材料或风险因素多、施工难度大的工程项目，应根据实际情况，在前款规定的配备标准的基础上相应增加专职安全生产管理人员数量。

5 建设单位应结合项目实际，配备具有相应专业技术职称（资格）的专职安全生产管理人员，并在项目开工前配备到位。

6 建设单位项目负责人、专职安全生产管理人员应持有政府有关主管部门认可的安全培训机构颁发的安全生产培训合格证书，或持有注册安全工程师资格证书。

2.3.2 监理单位现场安全生产组织机构

1 监理单位应成立安全生产领导小组。原则上，组长应由总监理工程师担任，副组长应由副总监理工程师（总监代表）担任，成员应由各部门负责人、各驻地监理组长组成。安全生产领导小组应下设办公室，负责安全生产领导小组日常工作。

2 监理单位安全生产领导小组、领导小组办公室的成立及主要人员发生变更时，应以正式文件公布。

3 监理单位应明确负责安全生产管理工作的职能部门。项目监理机构应配备至少1名持证的专职安全监理工程师。监理范围内施工合同总额在30亿~100亿元时，项目监理机构应配备至少4名持证的专职安全监理工程师；在100亿~500亿元时，项目监理机构应配备至少6名持证的专职安全监理工程师；在500亿元以上时，项目监理机构应配备至少8名持证的专职安全监理工程师。现场监理员应根据需要足额配备。

4 安全监理工程师、安全监理员应持有政府有关主管部门认可的安全培训机构颁发的安全生产培训合格证书，或持有注册安全工程师资格证书。

5 监理单位安全监理工程师、安全监理员应纳入项目监理人员进场计划，按现场实施要求配备到位，并以文件形式报建设单位审查备案。提交审查备案时，应提交人员基本信息表（包括但不限于姓名、年龄、职务、职称、学历、安全资格证书号）及相关证书的原件和复印件。

2.3.3 施工单位安全生产组织机构

1 施工单位应成立安全生产领导小组。原则上，组长应由项目经理担任，副组长应由项目部书记、副经理、总工程师、安全总监担任，成员应由各部门负责人组成。安全生产领导小组应下设办公室，负责安全生产领导小组日常工作。

2 施工单位安全生产领导小组、领导小组办公室的成立及主要人员发生变更时，应以正式文件公布。

3 施工单位必须设置安全生产管理部门，配备专职安全生产管理人员。

4 施工单位根据年度施工产值计划配备专职安全生产管理人员，应符合以下要求：

1）5000万元以下的工程，不少于1人。

2）5000万~2亿元的工程，每5000万元不少于1人。

3）2亿~10亿元的工程，不少于5人。

4）10亿~50亿元的工程，不少于10人。

5）50亿元以上的工程，不少于15人。

6）专业承包单位、劳务分包单位专/兼职安全生产管理人员的配备应满足相关行业主管部门的要求。

5 采用新技术、新工艺、新设备、新材料或风险因素多、施工难度大的工程项目，应根据实际情况，在前款规定的配备标准的基础上相应增加专职安全生产管理人员数量。

6 施工作业班组应设置兼职安全员，对本班组的作业范围进行安全检查。

7 施工单位（含专业分包单位）项目经理、总工程师、安全总监和专职安全生产管理人员应持有安全生产"三类人员"安全生产考核合格证书（B/C证），或持有注册安全工程师证书。劳务合作单位专职安全生产管理人员应按规定接受教育培训，上岗前应经施工单位考核合格。

8 施工单位（含专业分包、劳务合作单位）项目专职安全生产管理人员应在项目施工前配备到位，以文件形式报监理单位审查备案。提交审查备案时，应提交人员基本信息表（包括但不限于姓名、年龄、职务、职称、学历、安全资格证书号）及相关证书的原件和复印件。

9 施工单位项目部应建立安全生产"三类人员"管理台账并进行动态管理。

2.4 安全生产管理责任

2.4.1 建设单位安全生产责任

1 建设单位应依法开展工程项目开工前安全生产条件核查，按规定组织风险评估，推进工程项目安全生产标准化建设，按照合同约定督促参建单位落实安全生产责任。

2 建设单位应向施工单位提供施工现场及毗邻区域内油气管线、供水、排水、供电、通信、广播电视等地下管线资料，气象和水文观测资料，以及相邻建（构）筑物、地下工程等有关资料。

3 建设单位不得对勘察、设计、监理、施工、设备租赁、材料供应、试验检测、安全服务等单位提出不符合安全生产法律、法规、工程建设强制性标准规定的要求，不得违反或者擅自简化基本建设程序，不得随意压缩合同约定的工期。

4 建设单位在编制工程概算时，应当确定建设工程安全作业环境及安全施工措施所需费用。

5 建设单位不得明示或暗示施工单位购买、租赁、使用不符合安全施工要求的安全防护用具、机械设备、施工机具及配件、消防设施和器材。

6 建设单位应依法将工程项目发包给具有相应资质的单位。工程项目施工招标文件及施工合同中应当载明工程项目安全管理目标、安全生产责任、安全生产条件、安全生产标准等要求。

7 建设单位应开展工程项目安全生产检查，督促施工单位落实施工合同中约定的安全生产标准和条件。

8 建设单位主要负责人应与其他领导、各部门负责人签订安全生产责任书；各部门负责人应与各岗位员工签订安全生产责任书。安全生产责任书应明确责任部门（岗位）的安全生产目标、安全生产职责、奖罚等内容。建设单位应按年度开展安全生产责任制考核。

2.4.2 勘察、设计单位安全生产责任

1 勘察单位应按照法律、法规、规章、工程建设强制性标准和合同文件进行实地勘察。针对不良地质、特殊性岩土、有毒有害气体等不良环境或者其他可能引发工程生产安全事故的情形，应加以说明并提出防治建议。

2 勘察单位提交的勘察文件必须真实、准确、完整，满足工程安全生产的需要。勘察单位及勘察人员应对其勘察结论负责。

3 勘察单位在勘察作业时，应当严格执行操作规程，采取措施保证各类管线、设施和周边建（构）筑物的安全。

4 设计单位应当按照法律、法规、规章、工程建设标准规范和合同文件进行设计，防止因设计不合理导致生产安全事故。

5 设计单位应当考虑施工安全操作和防护的需要，在设计文件中注明涉及施工安全的重点部位和环节并提出指导意见；依据设计风险评估结论，对存在极高安全风险等级的工程部位，还应增加专项设计并组织专家论证。

6 针对采用新结构、新工艺、新材料的工程和特殊结构工程，设计单位应当在设计文件中提出保障施工作业人员安全、预防生产安全事故的措施和建议。

7 设计单位和设计人员应当对其设计负责，按合同要求做好安全技术交底和现场服务。

8 当工程地质、水文地质或周边环境发生变化时，设计单位应当及时核实，必要时提出措施建议，确保工程和周边环境安全。

2.4.3 监理单位安全生产责任

1 监理单位应按照法律、法规、规章、工程建设强制性标准和合同文件进行监理，对工程安全生产承担监理责任。

2 监理单位应当编制监理规划和安全监理细则，明确监理人员的岗位职责、监理内容和方法等。对危险性较大工程，应加强巡视检查。

3 监理单位应审查施工组织设计中的安全技术措施或专项施工方案是否符合工程建设强制性标准，审查桥梁和隧道等施工安全风险评估报告、应急预案。危险性较大工程专项施工方案需专家论证、审查的，监理单位还应检查施工单位组织专家论证、审查的情况。

4 监理单位应检查施工单位安全生产责任制、安全生产规章制度的建立和落实情

况，以及重大危险源安全管理和生产安全事故隐患排查治理情况；应核查施工单位项目经理、专职安全生产管理人员和特种作业人员的资质证书，以及施工机械设备和设施的安全许可验收手续。

5 监理单位应按国家法律法规、相关行政管理部门规定和合同约定要求，向项目监理机构投入必要的安全生产措施费用，满足监理过程中的安全生产和消防安全需要，严格执行安全生产费用管理办法等相关要求，定期核查施工单位安全生产费用投入和使用情况，对安全生产费用使用情况进行验工计价审核。

6 监理单位应检查施工单位危险性较大工程专项施工方案的实施情况。发现未按专项施工方案实施或发现存在事故隐患的，应要求施工单位整改；情节严重的，应要求施工单位停止施工，并及时报告建设单位。施工单位拒不整改或不停止施工的，监理单位应及时向有关监管部门报告。

7 监理单位应填写安全监理日志、编制监理月报，安排专人建立安全监理台账，及时记录安全专项检查、巡查、旁站发现的安全生产问题和整改情况以及监理指令执行情况等。

8 监理单位总监理工程师应与全部监理人员按年度签订安全生产责任书，明确各岗位监理人员的安全生产目标、安全生产职责、奖罚等内容。监理单位应按年度开展安全生产责任制考核并给予奖惩。

2.4.4 施工单位安全生产责任

1 施工单位应按照法律、法规、规章、工程建设强制性标准和合同文件组织施工，保障项目施工安全生产条件，对施工现场的安全生产负主体责任。项目经理依法对项目安全生产全面负责。

2 施工单位应设置独立的安全生产管理机构，配备专职安全生产管理人员。

3 对列入工程概算的安全生产费用，施工单位应用于施工安全防护用具及设施的采购和更新、安全施工措施的落实、安全生产条件的改善等安全生产方面，不得挪作他用。

4 施工单位应根据安全风险辨识、评估结果确定不同风险等级的安全管理要求，合理布设施工作业区；在风险较高的区域应设置警戒区和风险告知牌。

5 施工单位应在施工现场出入口或者沿线各交叉口、起重机械施工区域、拌和站、临时用电设施、爆破物及有害危险气体和液体存放处等场所，以及孔洞口、隧道口、基坑边沿、脚手架边沿、桥梁边沿等危险部位，设置明显的符合国家现行有关标准的安全警示标志及必要的安全防护设施。

6 施工单位应根据不同施工阶段、周围环境、季节、气候，在施工现场采取相应的施工安全保障措施。施工现场暂时停止施工时，施工单位应做好现场防护。

7 对可能损害毗邻建（构）筑物、地下管线、既有铁路（公路）等的施工，施工单位应明确作业范围，并采取相应专项防护措施。

8 施工单位采购、租赁的安全防护用具、机械设备、施工机具及配件，应具有生产（制造）许可证、产品合格证，并在进入施工现场前进行查验。施工现场的安全防护用具、机械设备、施工机具及配件必须由专人管理，定期检查、维修和保养，建立相应的资料档案，并按照国家有关规定及时报废。

9 施工单位使用的特种设备应经具有相应检测资质的单位检验合格，按规定申请特种设备使用登记证。应建立特种设备安全技术档案。出厂合格证、检验检测合格证和使用登记标志应置于该特种设备的显著位置。

10 施工单位应在盾构机、架桥机、提梁机、运梁机、移动模架、翻模、滑（爬）模等自升式架设设施，自行设计组装或改装的施工挂（吊）篮等设施投入使用前，组织有关单位进行验收，或委托具有资质的检验检测机构进行检验，验收合格、经试运行后方可使用。

11 施工单位应建立消防安全责任制度，明确各消防单元（实行最小网格化管理）消防安全责任人和日常管理员，制订用火、用电、使用易燃易爆材料等各项消防安全管理制度和操作规程，设置消防通道、消防水源，配备相应的消防设施和灭火器材，并设置明显标志。

12 施工单位应当向作业人员提供符合标准且必需的安全防护用具和安全防护服装，监督、教育从业人员正确佩戴、使用，并书面告知危险岗位的操作规程及职业危害防治等事项。

13 施工单位应建立安全教育培训制度,对管理人员和作业人员进行安全教育培训。未经教育培训或考核不合格的人员不得上岗作业。

14 施工单位的垂直运输机械作业人员、爆破作业人员、安装拆卸工、起重信号工、电工、焊工等国家规定的特种作业人员，必须按照国家规定经过专门的安全培训考核并取得特种作业操作资格证书后方可上岗作业。

15 施工单位应当在施工组织设计中编制安全技术措施和施工现场临时用电方案。对危险性较大工程应编制专项施工方案，经施工企业技术负责人、总监理工程师审查同意并签字后实施。超过一定规模的危险性较大的分部分项工程的专项施工方案应经专家评审，实施过程中应安排专职安全生产管理人员现场监督。

16 各项工程施工前，施工单位应将有关安全施工的技术要求向管理人员和作业人员进行详细说明、交底并由双方签字确认。

17 施工单位应建立完善的风险分级管控和隐患排查治理双重预防机制，明确各岗位职责，全员参与，健全风险辨识、评估分级、措施制订、实施及管控制度，完善隐患排查、分级、整治、验证闭合等全过程管理。重大事故隐患应按规定上报和挂牌治理。

18 实施总承包的项目，总承包单位对施工现场安全生产负总责。总承包单位依法将建设工程分包给其他单位的，应在分包合同中明确各自的安全生产权利义务，总承包单位对分包工程的安全生产承担连带责任。

19 施工单位应按相关规定购买安全生产责任保险、人身意外伤害保险等。

20 施工单位应针对项目风险特点制订生产安全事故综合应急预案、专项应急预案及现场处置方案，定期组织演练。发生事故时，施工单位应立即启动应急预案，迅速采取措施最大限度减少人员伤亡和事故损失，并按有关规定及时、如实地向上级、建设单位、监理单位和事故发生地县级以上人民政府应急管理部门和负有安全生产监督管理职责的有关部门报告。

21 施工单位应与专业分包单位、劳务合作单位签订安全生产合同，并在合同中约定各自的安全生产职责。

22 施工单位项目经理应按年度与项目全体管理人员签订安全生产责任书。安全生产责任书应载明各部门、各岗位人员的安全生产目标、安全生产职责、奖罚等内容。施工单位应按年度对全体管理人员开展安全生产责任制考核并给予奖惩。

3 安全生产管理制度

3.1 一般规定

3.1.1 建设、监理、施工单位应在开工前识别适用的安全生产法律、行政法规、部门规章、地方法规、地方规章和相关标准、规范性文件，并建立清单，每半年更新一次。

3.1.2 建设、监理、施工单位应制订并完善安全生产管理制度，以文件形式印发。

3.2 建设单位安全生产管理制度

3.2.1 建设项目安全生产管理制度

1 建设单位应在招标前制订工程项目安全生产管理制度，印发给建设单位各部门。

2 建设单位安全生产管理制度应包括但不限于以下内容：全员安全生产责任制及考核奖惩制度，安全生产会议制度，安全生产机构设置与人员配备制度，安全风险辨识、评估与分级管控制度，安全生产费用管理制度，安全生产培训教育制度，安全生产检查制度，生产安全事故隐患督促整改制度，生产安全事故管理制度，安全生产内业资料管理制度，"平安工地"建设评价制度。

3 建设单位安全生产管理制度的主要内容可参考表3.2.1。

建设单位安全生产管理制度的主要内容　　　　表3.2.1

序号	制度名称	主要内容
1	全员安全生产责任制及考核奖惩制度	明确全员安全生产责任、考核标准、考核实施及奖惩等内容
2	安全生产会议制度	明确会议频次、内容、参会人员、会议决定事项跟踪等内容
3	安全生产机构设置与人员配备制度	明确机构设置、人员配备标准、人员资质要求等内容
4	安全风险辨识、评估与分级管控制度	明确风险（危险）源辨识与评估、管理与控制、风险告知、重大危险源管理等内容
5	安全生产费用管理制度	明确费用提取、使用范围、计量支付方式、审批流程、使用监督、变更、台账记录等内容
6	安全生产教育培训制度	明确教育培训的职责分工，培训对象、内容、学时、频次、效果评价、台账记录等内容
7	安全生产检查制度	明确检查的类别、方式、内容、频次、整改流程、结果应用等内容
8	生产安全事故隐患督促整改制度	明确隐患督促整改的职责分工、管理流程等内容
9	生产安全事故管理制度	明确事故的报告、应急救援、统计分析、内部调查和责任追究等内容
10	安全生产内业资料管理制度	明确内业资料的归档类别、归档内容、归档责任部门等内容
11	"平安工地"建设评价管理制度	明确"平安工地"建设评价（含开工前安全生产条件核查）的职责分工、实施步骤、评价标准、结果运用、台账记录等内容

3.2.2　工程项目施工安全标准

1　建设单位应在招标前制订工程项目施工安全标准。

2　工程项目施工安全标准应明确建设、监理、施工单位安全生产管理工作内容、程序、标准、要求和安全技术相关要求等。工程项目施工安全标准应印发给建设单位各部门，并作为招标文件和施工合同的附件。

3　工程项目施工安全标准应包括但不限于以下内容：建设、监理、施工单位安全生产条件、安全生产责任、安全生产机构设置与人员配备、安全生产会议、安全风险辨识评估与分级管控、安全生产费用管理、人员与设备管理、安全生产教育培训、安全生产技术管理、安全生产检查、生产安全事故隐患排查治理、生产安全事故管理、安全生产应急预案和救援管理、安全生产内业资料管理、"平安工地"建设管理、安全生产奖惩、施工安全防护和安全技术要点等。

3.3　监理单位安全生产管理制度

3.3.1　监理单位应依据建设单位制订的工程项目施工安全标准，在施工单位进场前制

订本合同段安全生产管理制度，印发给监理单位各部门及各驻地办、监理合同段，并以文件形式报建设单位审查。

3.3.2 监理单位安全生产管理制度应包括但不限于以下内容：全员安全生产责任制及考核奖惩制度，安全生产会议制度，安全生产费用审查制度，特种作业人员、特种设备核查监督制度，安全生产教育培训制度，危险性较大工程监理制度，安全生产检查制度，生产安全事故隐患督促整改制度，生产安全事故报告制度，安全生产内业资料管理制度，"平安工地"建设评价制度。制度应明确本单位各阶段安全监理的内容、程序与职责分工等。

3.3.3 监理单位安全生产管理制度的主要内容可参考表3.3.3。

监理单位安全生产管理制度的主要内容　　　　表3.3.3

序号	制度名称	主要内容
1	全员安全生产责任制及考核奖惩制度	明确全员安全生产责任、考核标准、考核实施及奖惩等内容
2	安全生产会议制度	明确会议频次、内容、参会人员、会议决定事项跟踪等内容
3	安全生产费用审查制度	明确费用计量审查的职责分工、审查程序、审查要求、台账记录等内容
4	特种作业人员、特种设备核查监督制度	明确施工单位特种作业人员、特种设备进场报审（验）流程、资料清单、核查程序、日常监督等内容
5	安全生产教育培训制度	明确教育培训的职责分工，培训对象、内容、学时、频次、效果评价、台账记录等内容
6	危险性较大工程监理制度	明确危险性较大工程的监理职责分工、方案审查程序、方案实施过程监督、台账记录等内容
7	安全生产检查制度	明确检查的类别、方式、内容、频次、整改流程、结果应用等内容
8	生产安全事故隐患督促整改制度	明确隐患督促整改的职责分工、管理流程等内容
9	生产安全事故报告制度	明确事故报告的职责分工、报送程序、时限等内容
10	安全生产内业资料管理制度	明确内业资料的归档类别、归档内容、归档部门等内容
11	"平安工地"建设评价制度	明确对施工单位开展安全生产条件核查和"平安工地"建设评价的职责分工、核查（复核）程序、核查（复核）标准、复核结果报送、台账记录等内容

3.4 施工单位安全生产管理制度

3.4.1 施工单位应依据建设单位制订的工程项目施工安全标准，在开工前制订本合同段安全生产管理制度，印发给施工单位各部门、专业分包单位和劳务合作单位。

3.4.2 施工单位安全生产管理制度应包括但不限于以下内容：全员安全生产责任制及考核奖惩制度，安全生产会议制度，安全风险辨识、评估与分级管控制度，安全生产费用管理制度，劳动用工实名登记制度，劳动防护用品配备和管理制度，特种作业人员管理制度，施工机械设备安全管理制度，施工单位项目主要负责人带班制度，安全生产教育培训管理制度，"平安工地"和"安全标准化工地"建设制度，施工安全技术交底制度，危险性较大工程管理制度，生产安全事故隐患排查治理制度，安全生产检查制度，生产安全事故管理制度，安全生产内业资料管理制度，施工现场消防安全责任制度，危险品管理制度，施工作业操作规程，专业分包（劳务合作）单位安全履约评价制度，安全生产奖惩制度。

3.4.3 施工单位安全生产管理制度的主要内容可参考表3.4.3。

施工单位安全生产管理制度的主要内容　　　　　　表3.4.3

序号	制度名称	主要内容
1	全员安全生产责任制及考核奖惩制度	明确全员安全生产责任、考核标准、考核实施及奖惩等内容
2	安全生产会议制度	明确会议频次、内容、参会人员、会议决定事项跟踪等内容
3	安全风险辨识、评估与分级管控制度	明确风险（危）源辨识与评估、管理与控制、风险告知、重大危险源管理等内容
4	安全生产费用管理制度	明确费用计划（清单）编制、费用支取申报程序、台账记录等内容
5	劳动用工实名登记制度	明确用工登记编码规则、登记信息、登记程序、信息化和动态管理要求等内容
6	劳动防护用品配备和管理制度	明确劳动防护用品的配备标准、用品的采购、验收、发放登记、使用要求、使用监督等内容
7	特种作业人员管理制度	明确特种作业人员的进场考核、岗前培训、继续教育、人员登记台账等内容
8	施工机械设备安全管理制度	明确机械设备管理的职责分工，设备的安装、验收、使用、检查、保养维修管理要求、台账记录等内容
9	施工单位项目主要负责人带班制度	明确项目主要负责人带班计划、带班内容、带班管理程序、台账等内容
10	安全生产教育培训管理制度	明确培训教育的职责分工，培训对象、内容、学时、频次、效果评价、台账记录等内容
11	"平安工地"和"安全标准化工地"建设制度	明确分工、实施要求、检查评价、奖惩、台账记录等内容
12	施工安全技术交底制度	明确交底通知书编制、交底实施、过程监督、台账记录等内容

续上表

序号	制度名称	主要内容
13	危险性较大工程管理制度	明确危险性较大工程的清单制订、专项施工方案的编制和审批、专项方案的实施、台账记录等内容
14	生产安全事故隐患排查治理制度	明确隐患的排查方式、频次、治理程序、治理要求，重大事故隐患的清单建立、排查治理等内容
15	安全生产检查制度	明确检查的类别、方式、内容、频次、整改流程、结果应用等内容
16	生产安全事故管理制度	明确事故报告、应急救援、统计分析、内部调查和责任追究等内容
17	安全生产内业资料管理制度	明确内业资料的归档类别、归档内容、归档部门等内容
18	施工现场消防安全责任制度	明确现场消防安全管理职责分工、责任区域划分、器材配备、台账建立、检查维护记录要求等内容
19	危险品管理制度	明确施工现场用火、用电、使用危险品的管理程序、管理要求和责任分工、台账记录等内容
20	施工作业操作规程	明确施工各工序、工种的具体操作要领
21	专业分包（劳务合作）单位安全履约评价制度	明确专业分包（劳务合作）单位安全生产条件、安全生产管理责任、评价内容和标准、评价方式和频次、评价实施、结果应用、奖惩等内容
22	安全生产奖惩制度	明确安全生产奖惩条件和方式、结果应用、台账记录等内容

3.5 安全生产管理制度编制要求

3.5.1　安全生产管理制度应具有"时间、地点、人物、工作内容、工作流程"五要素，明确管理责任主体、管理内容、管理程序等内容。

3.5.2　安全生产管理制度中的工作程序应明确清晰，并与安全生产责任体系和岗位职责相对应。

3.5.3　安全生产管理制度应符合法律法规和部门规章等，并及时更新。

3.6 安全生产管理制度实施要求

3.6.1　安全生产制度发布后，建设、监理、施工单位应通过会议、培训、实操、演练、设置宣传栏等方式组织从业人员进行安全生产制度、操作规程的学习与培训。

3.6.2 建设、监理、施工单位应每年对安全生产制度和操作规程的落实情况进行评估，针对存在的问题进行持续改进，确保制度内容完整、可操作性强。

3.7 安全生产管理主要制度

3.7.1 安全生产责任制度

1 各参建单位必须建立健全安全生产责任制，建立严密的安全生产责任体系，实行全员、全过程、全方位的安全管理，落实企业安全生产主体责任。

2 各参建单位应按照"主要负责人全面负责""其他分管领导对分管范围内的安全工作负责""部门负责人对本部门安全工作负责""谁主管、谁负责""人人有责"的原则，建立健全全员安全生产责任制。

3 建设单位应与勘察、设计、监理、施工等参建单位签订安全生产责任书，明确安全目标，实施责任追究，加强责任考核。

4 勘察、设计单位应分层明确设计总体、专册负责人、配合组组长及专业工程师的安全责任。

5 监理单位应分层明确总监理工程师、副总监理工程师、监理组长、专业安全监理工程师、现场监理工程师和其他监理人员的岗位安全责任。

6 施工单位应分层明确主要负责人、领导班子其他成员、安全总监、安全负责人、质量负责人、技术负责人、各职能部门管理人员、架子（作业）队队长、班组长、专兼职安全员及作业人员的安全责任。

3.7.2 安全生产监督制度

1 各参建单位应依法接受国家、广东省各级铁路建设行政主管部门的监督检查。

2 对事故隐患或安全生产违章行为，任何单位或者个人均有权向安全生产监督管理部门报告或举报。对员工或群众的举报，各受理单位应严格遵守保密纪律，对透露举报人和对举报人打击报复的违纪行为，应给予严肃处理。

3.7.3 安全生产许可证制度

1 应严格执行《安全生产许可证条例》《建筑施工企业安全生产许可证管理规定》及广东省有关规定。

2 参加现场施工的承包单位必须取得安全生产许可证；无安全生产许可证的不准进场施工。

3 监理单位应加强对施工单位（含起重机械安装拆卸、爆破作业单位等）资质、安全生产许可证的日常检查；没有安全生产许可证的，应立即责令停止施工，并清退出场。

3.7.4 安全生产教育培训制度

1 参建各方应建立健全安全生产教育培训制度，制订教育培训计划，对参建人员按规定进行教育培训，考核合格后方可上岗。

2 参与工程施工的项目负责人、专职安全管理人员、特种作业人员应参加专门的安全培训，考核合格并取得相关证书方可上岗。

3 施工单位应记录管理人员和施工作业人员的安全生产教育培训情况，培训时间应符合国家和行业有关规定。

4 参加营业线施工及邻近营业线施工人员，其安全教育培训应符合有关规定要求。

3.7.5 安全技术交底制度

1 建设单位应组织勘察、设计单位进行设计专项技术交底。勘察、设计单位应根据审核合格的施工图，将重点工程及采用新技术、新材料、新工艺、新设备工程的施工方法、检测要求和施工注意事项，技术复杂结构工程采取的施工安全措施，对影响施工及行车安全、干扰运营所采取的措施等，向施工、监理等单位进行交底。

2 施工单位应建立安全技术交底制度。施工单位技术负责人应组织安全技术分级交底，并履行签字手续，不得代签。交底内容应包括工程概况、施工内容、施工方法、重大施工风险及预防措施等，确保全体管理人员和作业人员掌握。

3 当出现现场施工方法改变、作业环境改变、作业队伍更换、停工时间较长等情况，应重新进行安全技术交底。

4 施工单位危险性较大工程的安全技术交底应邀请监理单位派员参与。

5 施工单位专职安全生产管理人员应全过程参与并监督安全技术交底措施的落实和执行，制止现场违章现象。

3.7.6 班前安全讲话制度

1 施工单位应加强作业班组建设管理，严格执行班前讲话制度。每日上班前，班组长应集合班组全体施工人员列队接受点名，做班前讲话。

2 班前讲话内容应包括：总结前一天或上一班安全施工情况、存在问题以及改正措施；当天工作的主要内容、危险源、安全防范措施、操作规程、应急处置措施及环水保、文明施工要求等。

3.7.7 特种作业人员持证上岗制度

1 从事电工作业、金属焊接、起重作业、登高架设、地下（水下）作业、铺架作业、爆破作业、锅炉及压力容器等特殊工种作业人员，必须在取得特种作业操作资格证书后上岗作业。从事铁路工程线及营业线施工人员，应经相关部门培训合格并持证作业。

2 施工单位应建立专门的特种作业人员管理档案，加强动态管理，组织特种作业人员及时复审，督促其按照要求持证上岗，记录到岗、离岗情况，及时更新特种作业人员台账。

3 监理单位应把特种工种持证上岗作为安全监理的重点，应对施工现场特种作业人员的作业情况进行不定期巡视检查，发现人证不一或无证上岗的，应责令其立即停止作业、退出岗位。

4 建设单位应定期、不定期组织相关部门对施工单位特殊作业管理情况进行监督检查。

3.7.8 设备设施安拆及安全检查验收制度

1 对于盾构机、架桥机、提梁机、运梁机、起重机械、施工电梯、物料提升机、移动模架、滑模、爬模、挂篮等设备设施，施工单位不具备相应安装、拆除和检验能力的，应选择有相应资质的单位进行安装、拆除施工及设备检测，监理单位应审核安装、拆除及检测单位的资质，建设单位应组织相关部门抽查。

2 监理单位应监督上述相关安全设备设施的安装、拆卸施工，及时消除施工过程中发生的不安全因素，保证安装、拆卸作业的安全。

3 设备设施安装或施工完成后，应按规定检测、检查、验收，并建立健全相应档案；未经检测、检查、验收或验收不合格的，禁止投入使用。

3.7.9 安全检查、隐患排查及闭环管理制度

1 建设、监理、施工等参建单位均应建立安全检查制度，制订安全生产考核和奖惩实施细则，明确检查的类别、方式、内容、频次、整改流程、结果运用等内容，定期和不定期开展安全生产检查、考核。

2 建设、监理、施工等参建单位应建立隐患排查、治理、登记制度，明确日常、专项、综合排查的内容、范围和责任。

3 建设、监理、施工等参建单位在检查中发现重大安全隐患，应按"五定"原则落实整改；发现存在危及人身安全或可能导致重大财产损失的严重隐患时，应责令立即撤出危险区域内的人员、进行警戒、设置安全警告标志和停工整改。对检查出的重大隐患

及隐患整改情况，应向所在地应急管理部门和相关主管部门报告。

4 建设、监理、施工等参建单位在安全检查和隐患排查中发现的问题应形成问题库台账，要求限期整改，落实闭环管理。

5 各类安全生产检查应依据有关法律法规、标准规范、政府及行业主管部门等的要求进行。

3.7.10 危险作业操作规程、告知及配发劳动防护用品制度

1 对于各种机电设备操作和各种危险作业，生产经营单位应制订安全操作规程，并在现场设置安全操作规程牌，其内容应包括操作要领、安全事项、工前检查、工后保养、日常维护等。

2 对危险性较大的作业和操作危险性较大的施工设备，应将危险因素、危险处所、危险程度、避险方法、应急处置措施等以书面的形式形象直观、通俗易懂地告知作业者。

3 生产经营单位应当加强劳动防护用品采购和使用管理，建立采购、发放和使用登记建档制度，及时为从业人员无偿提供符合国家标准、行业标准或者地方标准的劳动防护用品，并指导和督促从业人员正确佩戴、使用，不得以现金或者其他物品替代发放劳动防护用品。建设单位、监理单位应经常监督检查劳动防护用品采购和使用管理情况。

3.7.11 高风险、关键工序施工领导带班制度

1 应针对高风险、关键工序/部位建立健全领导带班作业制度。

2 领导带班人员应为施工项目部领导班子成员，应负责带领技术人员、安全人员、领工员等在现场监控、指导施工作业，禁止"三违"，检查安全质量隐患和纠偏等。领导带班监控不得间断，有交接班时应做交接记录。

3.7.12 生产安全事故应急预案和应急救援管理制度

1 生产安全事故应急预案的编制、评审、公布、备案、宣传、教育、培训、演练、评估、修订及监督管理等工作应按《生产安全事故应急条例》《生产安全事故应急预案管理办法》《关于〈生产安全事故应急预案管理办法〉的实施细则》《生产经营单位生产安全事故应急预案编制导则》等相关要求执行。

2 建设单位应根据建设项目的特点编制《建设工程生产安全事故综合应急预案》，定期组织评审，根据评审结果或者实际情况变化进行修订和完善，并及时更新。

3 施工单位应针对可能发生的生产安全事故的特点和危害，进行风险辨识和评估，制订项目部综合应急预案、专项应急预案及现场处置方案,并向本单位从业人员公布。

4 施工单位应每年制订应急演练计划,并对应急管理和救援人员进行培训。每年应组织至少一次综合应急预案演练或者专项应急预案演练,每半年应组织至少一次现场处置方案演练,并对演练效果进行评估,根据评估结果,修订、完善应急预案,改进应急管理工作。

5 监理单位应每半年组织一次对施工单位的应急预案专项检查,明确检查的重点内容和标准,督促施工单位做好应急预案管理工作。

4 安全风险管理

4.1 一般规定

4.1.1 工程项目安全风险管理应坚持"超前预控、动态管理、全过程分阶段实施"的原则。

4.1.2 参建单位应建立和完善工程安全风险管理体系，认真执行《铁路建设工程风险管理技术规范》《铁路建设工程安全风险管理暂行办法》，以标准化管理为手段，全面、有效地进行安全风险管理。

4.1.3 铁路建设工程风险管理工作应包括风险计划（策划）、辨识、估计、评价、控制以及工程竣工后的后期风险评估。应将风险管理纳入建设单位考核、设计单位施工图考核及施工、监理企业信用评价范围。

4.1.4 铁路建设工程安全风险管理范围主要包括高风险隧道、深基坑、高陡边坡、特殊结构桥梁和地下工程，邻近营业线及营业线施工（含工程线），地质灾害及其他高风险工点。

4.1.5 铁路建设工程风险等级根据事故发生的概率和后果，分为低度风险、中度风险、高度风险和极高风险四个级别。风险等级评价为高度风险和极高度风险的工点，统称为高风险工点。

4.1.6 应将铁路建设工程中可能发生的各类风险降低至合理、可接受的水平。应规避极高度风险,采取措施减少高度风险,通过风险识别、风险评价、风险控制等减轻风险灾害、降低风险损失。

4.1.7 应根据工程进度和环境变化,综合应用风险管理技术,对风险实施有效的动态管理。

4.2 安全风险管控

4.2.1 建设各方应按照铁路建设工程安全风险管理的相关规定,建立健全风险管理体系,成立风险管理领导小组,建立健全风险管理制度,应做到分工明确、责任明确、考核奖惩明确、各司其职、履职到位,实施全面全员全过程管控。

4.2.2 铁路建设工程各等级风险的接受准则与控制原则应符合表4.2.2的规定。高度及以上风险应由建设各方分管领导或主要领导实行包保管理(极高风险必须由主要领导包保)。

风险接受准则与控制原则　　　　表4.2.2

风险等级	接受准则	风险控制原则
极高	不可接受	必须高度重视并规避,否则必须采取有效措施处理
高度	不期望	应重视并采取有效措施处理,加强风险监测
中度	可接受	宜采取有效措施处理,并进行风险监测
低度	接受	可不采取措施,但需关注,防止风险等级上升

4.2.3 工程开工前,施工单位应组织工程技术、质量、安全、设备物资等部门人员,按照《铁路建设工程风险管理技术规范》等有关规定,全方位、全过程辨识本标段施工工艺、设备设施、作业环境、人员行为和管理体系等方面存在的安全风险,并对辨识出的安全风险进行科学评估,确定安全风险等级,形成风险清单,制订相应的风险管控措施,并分解到包保领导、部门、作业队负责人。其中,高度风险清单应报监理单位审查后抄送建设单位。

4.2.4 必须对工程安全风险进行动态管理。
1 每月应根据施工内容辨识评价本月安全风险,有计划地对风险进行管控。

2 当工程地质、环境等发生较大变化、现有防控措施不再适应时，应立即重新评估风险，及时采取合适的对策、措施。

3 每年应对项目风险进行复核、辨识、评估、更新。

4.2.5 风险交底、公示及教育培训

1 工程施工前，施工单位项目部技术负责人应组织对参与管理、施工的全部人员进行专项施工方案和风险交底，交底内容应包括但不限于：工程概况，施工方法、顺序、工艺、标准，风险源、防控措施、资源配置清单、现场应急处置措施、应急预案等。

2 施工单位项目部应在施工现场公示识别的风险，内容应包括风险描述、监测方案、应急措施、责任人、责任时限、联系方式等。

3 施工单位项目部应制作岗位安全风险告知卡或岗位安全知识手册，将安全风险、可能引发事故隐患类别、事故后果、管控措施、应急措施及报告方式等内容告知本单位从业人员和进入风险（危险）源工作区域的外来人员，指导、督促其做好安全防范。

4 工程施工的全部管理、施工人员在工前应接受学习培训，掌握岗位必需的技能、知识，经考核合格后方能上岗。

4.2.6 分部分项工程实施前，监理、施工单位必须检查人、机、料、法、环各环节，满足施工条件、安全质量条件后方能开工。高度以上风险工程实施前，还应报建设单位检查并同意后方能开工。

4.2.7 风险过程监测、监控及整治

1 应严格执行高风险工点"五必须"制度，即作业前必须编制专项施工方案、专项方案必须按规定论证审批、作业前必须进行安全技术交底、必须严格按专项方案施工、施工完成后必须经检查验收合格后方可进行下道工序。

2 应严格进行施工过程监测、监控，落实防控措施，禁止"三违"施工。

3 应严格进行隐患排查治理，落实闭环管理。施工单位项目部应建立健全隐患排查制度，成立隐患排查整治领导小组，组长应由项目经理担任，负责组织隐患排查和整治。项目部应按规定定期、不定期开展安全质量隐患排查，综合检查每月不应少于一次，对检查发现的问题应按"五定"原则落实闭环管理。

4 建设工程项目应积极运用隐患排查系统、自动控制、智能监控监测、自动定位、自动报警、连锁装置、视频监控、机器人、无人机等先进技术，实时、精准监控风险、作业现场，有效管控风险。

4.2.8 风险销号

1 高风险点（源）施工完成后，施工单位项目部应及时填写重大危险源销号登记表，报监理、建设单位审核，建设单位对重大风险进行专项监督检查与评估，经相关专业人员确认不再影响当前施工安全或影响可忽略的，进行风险销号处理。

2 中低度风险点（源）施工完成后，施工单位应及时向监理、建设单位办理销号手续，并在风险清单中注明已销号。

5 安全生产费用管理

5.1 一般规定

5.1.1 工程项目安全生产费用是指由建设单位列支，施工单位按照相关规定和标准使用，专门用于设置安全防护设施、落实安全生产措施、改善安全生产条件、加强安全管理等所需的资金。

5.1.2 安全生产费用管理应遵照"按规提取、合理使用、确保需要"的原则，并按照有关规定、行业标准以及合同约定等确定提取标准。

5.1.3 建设单位在编制工程招标文件时，应明确安全生产费用的总金额或按编制报价的固定比例提取原则、预付金额或比例、计量支付方式与时限、具体使用要求等条款。安全生产费用不足时，应按照风险共担原则协商解决。

5.1.4 安全生产费用应专款专用、专户核算，任何单位或个人不得挤占或挪用。

5.2 安全生产费用管理的职责

5.2.1 建设单位
1 建设单位应按合同约定及时向施工单位支付安全生产费用。
2 建设单位应定期对施工单位的安全生产费用使用情况进行监督检查。

3 施工单位未按照合同约定落实安全生产措施时，建设单位可以责令其暂停施工或暂停支付安全生产费用，并要求监理单位督促整改，直至施工单位完成整改。施工单位未能在规定期限内完成对施工现场事故隐患整改的，建设单位可以直接委托其他单位代为整改，相关费用在支付给施工单位的费用中扣除，并由建设单位直接支付给受委托单位。

5.2.2 监理单位

1 监理单位应根据施工单位季度（月度）安全生产费用使用计划，监督检查其施工现场投入是否满足安全生产需要。

2 监理单位应每季/月及时审核施工单位提报的安全生产费用使用台账，检查是否附齐相关凭证材料，保证安全生产费用专款专用、使用合规、分类归集、列账正确。

3 监理单位发现施工现场存在事故隐患或施工单位未落实安全生产措施时，应书面要求其整改。发现重大事故隐患时，应及时责令施工单位停工整改，待事故隐患排除后方可恢复正常施工；施工单位拒不整改的，监理单位应暂停安全生产费用及工程款的计量，并及时向建设单位报告。

5.2.3 施工单位

1 施工单位应按照规定，制订每季度（月度）安全生产费用使用计划，保证安全生产所需的投入。

2 施工单位应建立安全生产费用使用台账，附齐与安全生产费用使用有关的施工、领用、使用记录或票据等凭证资料，专款专用。

3 施工单位依法将部分工程分包给分包单位施工的，总包单位应当将安全生产费用按比例直接支付给分包单位并监督使用，不得拖欠，分包单位不再重复提取。分包单位应保证安全生产费用的投入和使用，建设、监理、总包单位应进行监督检查。安全生产费用不得转嫁由劳务分包单位承担。

5.3 安全生产费用的使用

5.3.1 施工单位必须按照财政部、原国家安全生产监督管理总局联合制定的《企业安全生产费用提取和使用管理办法》（财企〔2012〕16号）、原铁道部《关于铁路工程设计概算执行〈企业安全生产费用提取和使用管理办法〉有关问题的通知》（铁建设〔2012〕245号）、《铁路基本建设工程设计概（预）算编制办法》（国铁科法〔2017〕

30号）等文件以及广东省交通运输厅的相关规定，在以下范围内使用安全生产费用：

1 完善、改造和维护安全防护设施设备支出（不含"三同时"要求初期投入的安全设施）

1）"洞口"（楼梯口、电梯井口、预留洞口、通道口等）、"临边"（未安装栏杆的平台临边、无外架防护的层面临边、升降口临边、基坑沟槽临边、上下斜道临边等）、挖井、挖孔、沉井、泥浆池等防护、防滑设施。

2）施工场地安全围挡设施。

3）施工供配电及用电安全防护设施（漏电保护、接地保护、触电保护等装置，变压器、配电盘周边防护设施，电器防爆设施，防水电缆及备用电源等）。

4）各类机电设备安全装置。

5）隧道及孔洞开挖过程中有毒有害气体监测、通风设备设施，隧道内粉尘监测设备设施。

6）地质灾害监控防护设备设施。

7）防火、防爆、防尘、防毒、防雷、防台风等设备设施及备品。

8）机械设备（起重机械、提升设备、锅炉、压力器、压缩机等）上的各种保护、保险装置及安全防护措施。

9）爆破及交叉作业（穿越村镇、公路、河流、地下管线进行施工、运输等作业）所增设的防护、隔离、栏挡等防护措施。

10）防治边帮滑坡设备。

11）高处作业中防止物体、人员坠落设置的安全带、棚、护栏等防护设施。

12）各种安全警示、警告标志。

13）航道临时防护及航标设置等。

14）安全防护通信设备。

15）其他临时安全防护设备、设施。

2 配备、维护、保养应急救援器材、设备支出和应急演练支出

1）应急电源、照明、通风、抽水、提升设备及锹镐铲、千斤顶等。

2）防洪、防坍塌、防山体落石、防自然灾害等物资设备。

3）急救药箱及器材。

4）应急救援设备、器械（包括救援车等）。

5）救生衣、圈、船等，船只靠帮设备。

6）各种消防设备和器材。

7）安全应急救援及预案演练。

8）其他救援器材、设备。

3 开展重大危险源和事故隐患评估、监控和整改支出［含邻近既有线或建（构）筑物施工所产生的影响等］

1）超前地质预报（不含Ⅰ级风险隧道中极高风险段落的加强超前地质预报：超前钻孔、加深炮孔、地震波反射法物理探测），重大危险源评估、监控费用（地下工程门禁系统、现场视频监控系统等）

2）水上及高空作业评估、整改。

3）危险源辨识与评估（高路堑开挖、深基坑开挖、瓦斯隧道、既有线隧道评估等）。

4）邻近既有线或建（构）筑物施工危险源和事故隐患评估、监控及整改支出。

5）重大事故隐患评估、整改支出。

6）应急预案措施投入。

7）自然灾害预警费用。

8）爆炸物运输、储存、使用的安全监控、防护费用及安全检查与评估费用。

9）施工便桥安全检测、评估费用。

10）其他重大危险源、重大事故隐患的评估、整改、监控支出。

4 安全生产检查、评价（不包括新建、改建、扩建项目安全评价）、咨询和标准化建设支出

1）聘请专家参与安全检查、评价和咨询费用。

2）各级安全生产检查、督导与评价费。

3）安全生产标准化建设费用。

5 配备和更新现场作业人员安全防护用品支出

1）配备现场作业人员的安全防护用品。

2）更新现场作业人员的安全防护用品。

6 安全生产宣传、教育、培训支出

1）购置和编印安全生产书籍、刊物、影像资料等。

2）举办安全生产展览和知识竞赛活动，设立陈列室、教育室等。

3）召开安全生产专题会议等。

4）专职安检人员、生产管理人员安全生产专业培训等。

5）全员安全及特种（专项）作业安全技能培训等。

6）各种安全生产宣传支出。

7）其他安全教育培训费用。

7 安全生产适用的新技术、新标准、新工艺、新装备的推广应用支出

8 安全设施及特种设备检测检验支出

1）各种安全设备设施的检测、检查费。

2）特种机械设备、压力容器、避雷设施等的检查、检测费。

9 其他与安全生产直接相关的支出

1）特种作业人员（从事高空、井下、尘毒作业的人员及炊管人员等）体检费用。

2）办理安全施工许可证。

3）办公、生活区的防腐、防毒、防四害、防触电、防煤气、防火患等支出。

4）与安全员有关的费用支出（不含安全员工资）。

5）由建设单位和监理单位共同认定的其他安全生产费用。

5.3.2 施工单位安全生产费用应纳入财务管理体系。编制年度财务预算时，应根据下达的投资计划和工程任务编制安全生产费用使用计划。

5.3.3 施工单位应及时、足额提取建设单位确认、拨付的安全生产费用，应保证专款专用，不得挪作他用。

5.3.4 施工单位提取的安全生产费用必须全部用于中标建设工程项目，不得由施工单位上级主管部门集中管理。

5.3.5 监理单位应对施工单位安全生产费用使用情况进行监理，发现施工现场存在安全隐患或施工单位未落实安全生产费用的，应当要求施工单位改正，并及时向建设单位报告。

5.3.6 施工现场存在重大安全隐患而安全生产费用投入不足的，建设单位有权暂停支付安全生产费用，直至重大安全隐患整改完毕。

5.4 安全生产费用计提和支付

5.4.1 按《企业安全生产费用提取和使用管理办法》（财企〔2012〕16号）规定，应按不低于铁路建设工程建安总额的2%提取安全生产费用，并在招标控制价和投标报价中单独列出安全生产费用总额，不得作为竞争性报价，在中标后不得削减。

5.4.2 建设单位应在项目开工前预付施工单位部分安全生产费用，预付比例不得低于该费用总额的30%，预付款在后续工程计量中依据实际产生的安全生产费用按比例分期（次）扣回。安全生产费用应采用以现场计量为主、总额包干为辅的计量支付方式。能以具体单位数量进行计量的安全生产费用，应采用现场计量、按实支付的方式进行计量与支付。

5.4.3 施工单位应每季度统计、提报安全生产费用使用台账，附齐各项安全生产费用的施工、领用审批签字记录和（或）用途票据等凭证，按时报监理单位、建设单位审核确认。

6 人员、大型机械和特种设备安全管理

6.1 一般规定

6.1.1 施工单位是施工现场作业人员与机械设备安全管理的责任主体，应制订劳务用工登记、机械设备管理制度并组织实施。

6.1.2 监理单位应开展人员和机械设备的准入核查和过程监督。

6.2 施工作业人员管理

6.2.1 劳动用工实名制
1 施工单位应积极应用信息化手段，开展劳务用工实名登记，实行动态管理。
2 作业人员年龄、身体健康状况应满足岗位要求。

6.2.2 职业健康
1 施工单位应为作业人员配备符合标准且必需的劳动防护用品，并培训作业人员正确佩戴和使用。施工单位应按规定定期对劳动防护用品进行检测、更新。
2 监理、施工单位应对劳动防护用品使用情况进行不定期巡视检查，发现作业人员不按规定使用劳动防护用品的，应责令其立即停止作业并督促整改。
3 施工单位应对现场职业健康环境进行评估，辨识可能造成职业病危害的作业活动范围，制订有效的防治措施，预防和控制职业病的发生和发展。

4 施工单位应按规定及时、如实向当地政府主管部门申报辨识出来的职业危害因素，并依法接受其监督。

5 施工单位应告知作业人员操作岗位存在的职业危害因素、已采取的防治措施及应急救援措施，组织可能受影响的作业人员接受必要的职业健康检查。

6 施工单位应在存在职业危害因素的作业现场设置警示标识和警示说明，警示说明应载明职业危害因素的种类、后果、预防和应急救援措施。

6.3 特种作业人员管理

6.3.1 施工单位应汇总施工现场特种作业人员的相关资格证书，建立特种作业人员台账，应做好到岗、离岗记录，及时更新人员台账。

6.3.2 特种作业人员进场前，施工单位应编制特种作业人员基本信息表（附特种作业人员操作证、身份证、近期照片以及网上真实性查询结果截图原件和复印件），报监理单位核查通过后方可进场作业。

6.3.3 监理单位应不定期巡查施工现场特种作业人员的作业情况，发现人证不一或无证上岗的，应责令其立即停止作业并清退出场。

6.3.4 特种作业人员上岗前应接受人员进场三级教育培训，并经专项安全技术交底和安全教育培训，考核合格后方可上岗作业。

6.4 大型机械和特种设备管理

6.4.1 施工单位应建立机械设备管理制度和机械设备管理台账，记录使用、检查、维护、保养等情况。

6.4.2 监理、施工单位应不定期巡查施工现场机械设备（含特种设备）的使用、检查、保养、维护等情况，检查机械设备管理制度的落实情况。

6.4.3 严禁使用国家明令淘汰和已经报废的机械设备。

6.4.4 特种设备的安装与拆除应委托具有专业资质的单位进行操作。

6.4.5 使用特种设备前,施工单位应填写特种设备基本信息表[附"四证":特种设备出厂合格证、检验合格证(包括检验报告)、使用登记证以及特种设备操作人员证书],报监理单位核查通过后方可使用。

6.4.6 施工单位应按照"一机一档"的要求,建立特种设备动态管理台账。台账应包括下列内容:

1 特种设备的设计文件、制造单位、产品质量合格证明、使用维护说明等文件以及安装技术文件和资料。

2 特种设备定期检验和定期自行检查的记录。

3 特种设备的日常使用状况记录。

4 特种设备及其安全附件、安全保护装置、测量调控装置及有关附属仪器仪表的日常维护保养记录。

5 特种设备运行故障和事故记录。

6.4.7 特种作业人员必须持有特种作业操作证方可上岗。

6.4.8 监理单位应不定期巡查施工现场特种设备使用情况,发现证件不全或存在重大事故隐患的,责令清退出场。

7 安全教育培训

7.1 一般规定

7.1.1 建设、监理、施工单位应根据现行法律法规、标准规范等的要求建立健全安全生产教育培训制度，制订培训计划，按规定对参建人员进行培训，考核合格后方可上岗。

7.1.2 施工单位的项目负责人和专职安全管理人员、特种作业人员应接受安全培训，考核合格后方可上岗。

7.1.3 参建单位应记录管理人员和作业人员的安全生产教育培训情况，培训学时应符合国家和行业有关规定。

7.1.4 参与营业线施工及邻近营业线施工的人员，其安全生产教育培训应符合铁路管理单位的相关要求。

7.1.5 鼓励施工单位建立安全体验馆、制作复杂关键工序的模型，开展场景模拟、安全体验及复杂关键工序安全要点体验实作等新型安全教育培训。鼓励施工单位依托互联网和移动互联网技术，开展网络安全教育培训。鼓励施工单位委托社会专业安全教育培训机构开展安全教育培训。

7.2 安全教育培训对象与要求

7.2.1 安全生产主要负责人安全教育培训要求

1 安全生产主要负责人应持安全生产培训合格证书上岗，并按时参加继续教育，确保证件持续有效。

2 安全生产主要负责人初次安全教育培训时间不得少于32学时，每年继续教育时间不得少于12学时。

7.2.2 安全生产管理人员安全教育培训要求

1 建设、监理、施工单位安全生产管理人员应按规定接受安全教育培训。

2 安全生产管理人员应按规定参加继续教育，确保证件持续有效。

3 安全生产管理人员初次安全教育培训时间不得少于32学时，每年再培训时间不得少于12学时。

7.2.3 特种作业人员安全教育培训要求

1 特种作业人员必须按照国家有关规定接受专门的安全教育培训，经考核合格并取得相应资格证书后，方可上岗作业。

2 特种作业人员的范围和培训考核管理应参照《特种作业人员安全技术培训考核管理规定》执行。

7.2.4 工程技术人员安全教育培训要求

1 建设单位应至少每半年组织1次针对工程技术人员的安全教育培训，包括但不限于以下内容：国家、行业安全生产法律法规、规范、标准等；上级有关文件、合同条款；本单位安全生产管理制度、岗位安全生产职责；施工现场常见隐患及治理措施；典型险情或事故案例剖析；安全生产管理办法。

2 监理单位应至少每季度组织1次针对工程技术人员的安全教育培训，主要培训内容见上款。

3 在项目正式开工前，施工单位项目经理应当组织总工程师、项目副经理、工程技术人员进行安全教育培训，包括但不限于以下内容：合同中的有关条款；项目总体情况；项目安全管理重难点及管理措施；重要施工方案；施工技术规范及安全质量管理要求。

4 施工单位应至少每月组织1次针对工程技术人员的安全教育培训，包括但不限于以下内容：总结本月项目安全生产工作存在的问题，部署下月安全生产工作；通报本月项目发生的险情、事故情况；各工序风险因素、变化情况及管理措施；建设单位、上级单位有关安全生产的要求；铁路建设工程施工技术规范及安全质量管理要求。

7.2.5 其他从业人员的岗前安全教育培训要求

1 其他从业人员应参加本单位组织的岗前安全教育培训，考核合格后方可上岗作业。

2 调整、离岗半年后重新上岗的员工应按新员工的安全教育培训要求进行岗前安全培训。施工单位采用新技术、新工艺、新设备、新材料、新产品时，应按新员工的安全教育培训要求对作业人员进行相应的教育培训。

3 见习生、实习生应接受相应的安全生产教育培训。

7.2.6 全员日常安全教育培训要求

1 建设单位应至少每年组织1次全员安全教育培训，包括但不限于以下内容：国家有关安全生产的新规定，上级有关安全生产的文件，本单位新制（修）订的安全管理制度，生产安全事故案例，应急知识。

2 施工现场出现险情或发生生产安全事故后，建设单位应及时召开险情或事故分析会，对监理、施工单位相关人员进行专门的安全生产教育。监理、施工单位主要负责人应组织相关部门开展安全生产教育培训。

3 监理单位应至少每半年组织1次全员安全教育培训，由总监理工程师负责组织实施，包括但不限于以下内容：国家有关安全生产法律法规的新规定，安全监理要点、现场常见隐患及治理措施，典型险情或事故案例剖析，应急知识，安全生产标准化、国内外先进经验交流等。

4 施工单位应当利用周、月度、季度、年度安全例会或每日班前讲话对全体员工开展经常性的安全教育培训，切实增强全员的安全意识。应结合重大传统节日及大风、雷暴雨、冰冻等特殊天气，有针对性地开展安全教育培训。

7.3 新进场工人三级安全教育培训

7.3.1
新进场从业人员，在上岗前必须完成公司、项目、班组三级安全教育培训，培训时间不得少于24学时，保证其具备本岗位安全操作、应急处置等知识和技能，考试合格后方能上岗。

7.3.2
公司级岗前安全教育培训不得少于8学时，内容应包括：

1　国家和地方有关安全生产的方针、政策、法规、标准、规范；本单位安全生产情况及安全生产基本知识。

2　本单位安全生产规章制度和劳动纪律。

3　从业人员安全生产权利和义务。

4　相关事故案例等。

7.3.3　工程项目级岗前安全教育培训不得少于8学时，内容应包括：

1　工作环境及危险因素。

2　所从事工种可能遭受的职业伤害和伤亡事故。

3　所从事工种的安全职责、操作技能及强制性标准。

4　自救、互救、急救方法，疏散和现场紧急情况的处理。

5　安全设备设施、个人防护用品的使用和维护。

6　本项目安全生产状况及规章制度。

7　预防事故和职业危害的措施及应注意的安全事项。

8　相关事故案例。

9　其他需要培训的内容。

7.3.4　班组级岗前安全培训学时不得少于8学时，内容应当包括：

1　岗位安全操作规程。

2　岗位之间工作衔接配合的安全与职业卫生事项。

3　相关事故案例。

4　其他需要培训的内容。

7.4　特种作业人员安全教育培训

7.4.1　特种作业人员主要指从事起重、爆破、电工、金属焊接（气割）、瓦斯检验、压力容器等容易对操作者本人、他人的安全健康及设备设施安全造成重大危害的工作的作业人员。

7.4.2　特种作业人员除应接受一般的安全教育外，还应按照国家规定，经专门的安全作业培训，取得特种作业操作资格证书，方可上岗作业。

7.4.3　在岗的取得特种作业操作资格证书的人员，操作资格证书到期前应按相关规定参加复试。

8 安全技术管理

8.1 一般规定

8.1.1 安全技术管理应坚持"管业务必须管安全、重技术保安全"的原则。

8.1.2 施工单位应在危险源辨识评估的基础上，制订相应的安全措施，并纳入施工组织设计和专项施工方案。

8.1.3 施工单位应按要求制订并分级实施安全技术交底制度，保存交底记录。

8.1.4 建设、监理、施工等参建单位应检查落实安全技术文件中的各项安全技术措施执行情况，并加强科技应用及创新，提升工程本质安全水平。

8.2 危险性较大工程专项施工方案

8.2.1 危险性较大工程范围

1 参照《危险性较大的分部分项工程安全管理规定》和《铁路建设项目安全风险管理办法》相关要求，应针对表8.2.1所列工程编制专项施工方案。

危险性较大和超过一定规模危险性较大工程范围　　　　表8.2.1

序号	类别	需编制专项施工方案的危险性较大工程	需专家论证审查的超过一定规模的危险性较大工程
1	基坑开挖、支护、降水工程	1. 开挖深度超过3m（含3m）的基坑（槽）开挖、支护、降水工程。 2. 开挖深度虽未超过3m，但地质条件、周围环境和地下管线复杂，或影响毗邻建筑（构筑物）安全基坑（槽）的土方开挖、高边坡、支护、降水工程	1. 深度不小于5m的基坑（槽）的土（石）方开挖、支护、降水工程。 2. 开挖深度虽小于5m，但地质条件、周围环境和地下管线复杂，或影响毗邻建（构）筑物安全，或存在有毒有害气体的基坑（槽）开挖、支护、降水工程
2	滑坡处理和填、挖路基工程	1. 滑坡处理。 2. 边坡高度大于20m的路堤；地面斜坡坡率陡于1:2.5的路堤；不良地质地段、特殊岩土地段的路堤。 3. 土质挖方边坡高度大于20m；岩质挖方边坡高度大于30m；不良地质、特殊岩土地段的挖方边坡	1. 中型及以上滑坡体处理。 2. 边坡高度大于20m的路堤或地面斜坡坡率陡于1:2.5的路堤，且处于不良地质地段、特殊岩土地段的路堤。 3. 土质挖方边坡高度大于20m、岩质挖方边坡高度大于30m，且处于不良地质、特殊岩土地段的挖方边坡
3	基础工程	1. 桩基础。 2. 挡土墙基础。 3. 沉井等深水基础	1. 深度不小于15m或开挖深度不超过15m但地质条件复杂或存在有毒有害气体的人工挖孔桩工程。 2. 水深不小于20m的各类深水基础
4	大型临时工程及模板支撑体系工程	1. 围堰工程。 2. 各类工具式模板工程。 3. 支架高度5m及以上，或搭设跨度10m及以上，或施工总荷载（荷载效应基本组合的设计值，以下简称设计值）10kN/m²及以上，或集中线荷载（设计值）15kN/m及以上，或高度大于支撑水平投影宽度且相对独立无联系构件的混凝土模板支撑工程。 4. 搭设高度24m及以上的落地式钢管脚手架工程；附着式整体和分片提升脚手架工程；悬挑式脚手架工程；吊篮脚手架工程；自制卸料平台、移动操作平台工程；新型及异形脚手架工程；用于钢结构安装等的满堂支撑体系。 5. 挂篮。 6. 便桥、临时码头。 7. 水上作业平台	1. 工具式模板工程，包括滑模、爬模、飞模工程。 2. 搭设高度8m及以上；搭设跨度18m及以上，施工总荷载15kN/m²及以上；集中线荷载20kN/m及以上。 3. 承重支撑体系：用于钢结构安装等的满堂支撑体系，承受单点集中荷载7kN及以上。 4. 水深不小于10m的围堰工程。 5. 高度不小于40m的墩柱、高度不小于100m索塔的滑模、爬模、翻模工程。 6. 高度50m及以上落地式钢管脚手架工程。 7. 提升高度150m及以上的附着式整体和分片提升脚手架工程。 8. 架体高度20m及以上的悬挑式脚手架工程。 9. 猫道、移动模架
5	桥涵工程	1. 桥梁工程中的桥面系、梁、拱、柱、盖梁、桩、明挖基础等施工。 2. 打桩船作业。 3. 施工船作业。 4. 边通航边施工作业。 5. 水下工程中的水下焊机、混凝土浇筑等。 6. 顶进工程。 7. 跨既有铁路、公路（高速、国道、省道）、市政道路施工。 8. 架梁作业	1. 预制梁的运输与安装，钢箱梁吊装。 2. 跨度不小于150m的钢管拱安装施工。 3. 高度不小于40m的墩柱、高度不小于100m的索塔等的施工。 4. 开敞式水域大型预制构件的运输与吊装作业。 5. 在三级及以上通航等级的航道上进行的水上水下施工。 6. 转体施工。 7. 跨既有铁路、公路（高速、国道、省道）、市政道路施工

续上表

序号	类别	需编制专项施工方案的危险性较大工程	需专家论证审查的超过一定规模的危险性较大工程
6	隧道工程	采用矿山法、盾构法、顶管法施工的隧道、洞室工程	采用矿山法、盾构法、顶管法施工的隧道、洞室工程
7	起重吊装工程	1. 采用非常规起重设备、方法且单件起吊重量在 10kN 及以上的起重吊装工程。 2. 采用起重机械进行安装的工程。 3. 起重机械设备自身的安装、拆卸	1. 采用非常规起重设备、方法且单件起吊重量在 100kN 及以上的起重吊装工程。 2. 起吊重量 300kN 及以上的起重设备安装、拆卸工程
8	拆除爆破工程	可能影响行人、交通、电力设施、通信设施或其他建（构）筑物安全的拆除工程	1. 大桥及以上桥梁拆除工程。 2. 隧道拆除工程。 3. 采用爆破拆除的工程。 4. 码头、桥梁、高架、烟囱、水塔或拆除中容易引起有毒有害气（液）体或粉尘扩散、易燃易爆事故发生的特殊建、构筑物的拆除工程。 5. 可能影响行人、交通、电力设施、通信设施或其他建（构）筑物安全的拆除工程。 6. 文物保护建筑、优秀历史建筑或历史文化风貌区控制范围内的拆除工程。 7. C 级及以上爆破工程、水下爆破工程
9	其他	1. 建筑幕墙安装工程。 2. 钢结构安装工程，网架和索膜结构安装工程。 3. 装配式建筑混凝土预制构件安装工程。 4. 采用新技术、新工艺、新材料、新设备可能影响工程施工安全，尚无国家、行业及地方标准的分部分项工程。 5. 建设、勘察、设计、施工、监理单位中三方以上共同认定或建设主管部门及其委托的安全监督机构认定为危险性较大的分部分项工程	1. 施工高度 50m 及以上的建筑幕墙安装工程。 2. 跨度 36m 及以上的钢结构安装工程；跨度 60m 及以上的网架和索膜结构安装工程。 3. 地下暗挖工程、顶管工程、水下作业工程。 4. 采用新技术、新工艺、新材料、新设备且尚无相关技术标准的危险性较大的分部分项工程

8.2.2 危险性较大工程专项施工方案的编制

1 危险性较大工程施工前，施工单位应按单位工程编制专项施工方案。实行施工总承包的，专项施工方案应由施工总承包单位组织编制；危险性较大工程实行专业分包的，专项施工方案可由相关专业分包单位组织编制。

2 危险性较大工程专项施工方案的主要内容应包括：

1）工程概况：危险性较大工程概况和特点、施工平面布置、施工要求和技术保证条件。

2）编制依据：相关法律、法规、规范性文件、标准、规范、施工图设计文件、施工组织设计等。

3）施工计划：施工进度计划、材料与设备计划。

4）施工工艺技术：技术参数、工艺流程、施工方法、操作要求、检查要求等。

5）施工安全保证措施：组织保障措施、技术措施、监测监控措施等。

6）施工管理及作业人员配备和分工：施工管理人员、专职安全生产管理人员、特种作业人员、其他作业人员等。

7）验收要求：验收标准、验收程序、验收内容、验收人员等。

8）应急处置措施。

9）计算书及相关施工图纸。

8.2.3 专项施工方案审批

1 专项施工方案应在施工单位技术负责人审核签字、加盖单位公章，并由总监理工程师审查签字、加盖公章后方可实施。

2 危险性较大工程实行分包并由分包单位编制专项施工方案的，专项施工方案应由总承包单位技术负责人及分包单位技术负责人共同审核签字并加盖单位公章。

3 对于超过一定规模的危险性较大工程，施工单位应组织召开专家论证会，对专项施工方案进行论证。实行施工总承包的，应由施工总承包单位组织召开专家论证会。

4 专家组应由5名及以上具有高级及以上职称、符合相关专业要求的专家组成，其中工程技术类不少于3人，安全管理类不少于1人；来自同一单位的不得多于2人。涉及公路、铁路、海事、交警、安监等相关部门的，应邀请相关部门人员参加论证会。建设单位、勘察单位、设计单位、监理单位、负责方案编制的施工单位及施工企业相关人员不得以专家身份参加专家论证会。

5 专家论证审查的主要内容如下：

1）专项施工方案内容是否完整，安全控制措施是否具体、可行。

2）危险因素辨识分析是否合理、全面。

3）专项施工方案计算书和验算依据是否符合有关标准规范。

4）安全施工的基本条件是否具备，是否符合现场实际情况等。

6 专家论证会后，应当形成论证报告，对专项施工方案提出通过、修改后通过或者不通过的一致意见。专家对论证报告负责并签字确认。论证报告是修改、完善专项施工方案的指导意见，应作为专项施工方案的附件。

7 专项施工方案经论证认为须修改后通过的，施工单位应当根据论证报告修改、完善，重新履行审批程序。专项施工方案经论证不通过的，施工单位修改后应当按照本规定的要求重新组织专家论证。

8 专项施工方案内审合格或按照论证审查报告完善后，报施工企业技术负责人审核，签字同意后报监理单位进行审批，总监理工程师审核签字同意后方可实施。

8.2.4 专项施工方案实施

1 施工单位应在施工现场显著位置公告危险性较大工程名称、施工时间和具体责任人员，并在危险区域设置安全警示标志。

2 专项施工方案实施前，编制人员或者项目技术负责人应向施工现场管理人员进行方案交底。施工现场管理人员应向作业人员进行安全技术交底，并由双方和项目专职安全生产管理人员共同签字确认。

3 施工单位应严格按照专项施工方案组织施工，不得擅自修改专项施工方案。因规划调整、设计变更等原因确需调整的，修改后的专项施工方案应按照本规定重新审核和论证。

4 施工单位应对危险性较大工程施工作业人员进行登记，项目负责人应在施工现场履职。项目专职安全生产管理人员应现场监督专项施工方案实施情况；对未按照专项施工方案施工的，应要求立即整改并及时报告项目负责人，项目负责人应及时组织限期整改。施工单位应按照规定对危险性较大工程进行施工监测和安全巡视，发现危及人身安全的紧急情况时，应立即组织作业人员撤离危险区域。

5 监理单位应结合危险性较大工程专项施工方案编制监理实施细则，并对危险性较大工程施工实施专项巡视检查。

6 监理单位发现施工单位未按照专项施工方案施工的，应要求其整改；情节严重的，应要求其暂停施工，并及时报告建设单位。施工单位拒不整改或者不停止施工的，监理单位应立即报告建设单位和工程所在地有关主管部门。

7 对于按照规定需要进行第三方监测的危险性较大工程，建设单位应委托具有相应勘察资质的单位进行监测。监测单位应编制监测方案。监测方案应由监测单位技术负责人审核签字并加盖单位公章，报送监理单位审批后方可实施。

8.3 安全技术交底

1 施工单位应建立安全技术交底制度，明确交底通知书编制、交底实施、过程监督、台账记录等。

2 施工单位应编制安全技术交底文件（书）。安全技术交底文件应由施工单位总工程师组织工程技术、机械设备、安全生产等专业技术人员编制。安全技术交底文件应根据工程特点、施工环境、施工方法、安全风险等人、机、料、法、环的不同特点进行编制，应有针对性和可操作性。

3 安全技术交底应包括下列主要内容：

1）工程施工作业特点、风险（危险）源和危险因素分析。

2）工程安全技术要点、主要防护设施设置及现场施工安全注意事项。

3）施工作业人员应遵守的安全操作规程和规范。

4）职业健康和环保要求。

5）施工作业人员发现事故隐患时，应采取的措施、发生事故后应及时采取的躲避和急救措施。

4 当工程危险性较大或技术较复杂时，应分级交底。分部分项工程开工前，应由施工单位项目总工程师或交底文件编制人向参与施工的技术、管理人员以及班组长进行交底，再由施工技术人员或班组长向施工作业人员进行交底；当工程规模较小或施工技术较简单时，可由施工单位项目总工程师或交底文件编制人直接向参与施工的技术、管理人员和作业人员进行交底。班组班前会布置生产任务时，班组长应向本班作业人员强调当天作业的安全要求。

5 安全技术交底应采用书面方式，交底双方应在交底记录上签字，不得代签，应保留相关的影像资料作为辅助证明材料存档。

8.4 安全科技与信息化应用

8.4.1 鼓励施工单位使用先进的、安全可靠的新技术、新工艺、新设备和新材料，优先选购安全、高效、节能的先进设备，提升工程本质安全水平。

8.4.2 鼓励施工单位实行危险作业"机械化换人、自动化减人"，提高机械化作业程度。

8.4.3 鼓励建设、监理、施工单位应用具有移动终端功能的安全管理系统，开展日常安全管理和风险（危险）源监控、隐患排查治理工作，提高管控效力。

8.4.4 鼓励施工单位应用信息化技术手段，开展劳动用工实名制管理，开展安全技能培训，推动一线施工作业人员职业化发展。

8.4.5 鼓励施工单位推行安全防护设备设施工具化、定型化、装配化，有效保证施工安全。

8.4.6 施工单位应在预制场、钢筋加工棚、拌和站安装现场视频监控系统。鼓励施工单位在梁板架设、挂篮施工、现浇施工、水上施工、隧道开挖面等现场使用具有安全监控、量测、预警功能的技术设备，加强安全风险预控。

9 工程线安全管理

9.0.1 建设单位应编制《工程线安全管理办法》，各参建单位应根据该办法结合项目实际情况编制相应管理实施细则。

9.0.2 建设单位应成立工程线施工协调指挥小组，负责工程线运输的总体协调及监督工作；负责对月度施工计划或临时重点施工计划、工程列车运行图、"封锁点"等管理情况进行监督、检查、考核；根据建设工程项目特点、施工进度、安全控制重点、施工计划提报、兑现、施工配合等情况召开相关会议，总结经验，分析问题，制订措施，督促落实。

9.0.3 轨道铺设单位应设立调度室，负责工程线运输的调度指挥、行车组织、道岔使用、施工安排、施工审批及日常的安全巡检等管理工作；负责与其他有关施工单位签署施工安全管理协议，对本单位的施工、机械设备、行车及人身安全负责，并成立现场检查组，加强现场巡视和检查督促，确保各项安全措施落实到位。

9.0.4 各线下施工单位应制订工程线施工安全保障方案，对各自施工范围内的工程线施工安全负责，主动与轨道铺设单位签订施工安全管理协议；设立专职协调联络员，按规定及时提报本单位的月度施工计划，严格执行施工计划的变更、追加或取消手续；负责本标段的成品保护，做好施工过程中的安全防护；对非施工作业期间的机具、物料等加强管理，防止侵限。

9.0.5 监理单位应制订工程线施工安全监理细则，重点审核施工单位的施工安全措施和安全协议等，负责监督检查施工单位的施工机械设备及行车安全作业，落实安全预案及安全措施等情况，对工程线施工过程中发现的问题督促落实整改。

9.0.6 对于影响或妨碍正常行车的施工，施工作业前必须与相关单位签订施工安全协议，遵守相关规定，作业时服从调度指挥中心统一指挥。

9.0.7 工程线施工应严格执行计划申报及审批制度，未经调度指挥中心同意不得随意变更施工及行车作业计划。

9.0.8 监理单位、施工单位参与工程线施工管理的人员（含施工安全员、防护员、联络员、带班人员、工班长）均应经过有关部门培训，考核合格后持证上岗。

9.0.9 在长轨铺设前，应对全线线下工程进行交接验收，监理单位组织、施工单位参与，验收合格后方可进行轨道施工。

9.0.10 凡进行下述项目的施工，均应由施工单位根据作业特点、工艺方法、影响范围等向轨道铺设单位提出施工申请，并签订施工安全管理协议。
  1 动用路基、桥梁、隧道、站台、轨道设施、调整道岔等可能危及行车安全。
  2 施工机具、材料可能侵入建筑限界。
  3 施工调查、检查、测试设备、测量、现场施工等作业可能危及行车和人身安全。
  4 特殊情况下在工程线上设置临时平交道口（有人看守）。
  5 在工程线上使用单轨机、架线车、人力轨道小车。

10 安全生产检查

10.1 一般规定

10.1.1 建设、监理、施工等参建单位均应建立安全生产检查制度。

10.1.2 各类安全生产检查应依据有关法律法规、标准规范、当地政府及行业主管部门的要求进行。

10.1.3 施工单位是事故隐患排查治理的责任主体，应做好本单位事故隐患排查治理工作和重大事故隐患清单管理。建设、监理单位应督促施工单位做好事故隐患的排查治理工作。

10.1.4 建设、监理、施工等参建单位应通过定期、不定期安全生产检查和日常巡查，将检查结果、重大事故隐患排查治理结果纳入"安全标准化工地""信用评价"等考核评价中。

10.2 安全生产检查内容

10.2.1 安全生产检查的主要内容应包括：建设、监理、施工单位安全生产管理体系建立及运行情况（内业）、现场施工安全生产情况（外业）。

10.2.2 建设、监理、施工单位的安全生产检查内容应符合表10.2.2-1~表10.2.2-3的规定。

建设单位安全生产检查一览表

表 10.2.2-1

序号	检查类型	组织方式			频率（范围）	检查范围和内容	备注
		组织参加	参与	检查对象			
1	开工前安全生产条件核查	建设单位项目负责人	工程部门、安全部门、合约部门	监理单位、施工单位	标段开工前，监理单位100%核查，施工单位抽查	开工应具备的安全生产条件	形成相关记录
2	定期检查	建设单位项目负责人（每年不少于2次）或分管安全生产负责人	安全部门、工程部门、合约部门	监理单位	每季度不少于1次，检查各监理站	安全监理体系建立及运行情况等	
			安全部门、工程部门、合约部门、监理单位	施工单位	每季度不少于1次，检查各标段	安全生产管理体系建立和运行情况（内业），施工现场安全生产情况（外业）等	形成相关记录
3	不定期检查（专项检查、季节性检查等）	各分管负责人（依据"一岗双责"，对分管范围内的安全生产工作进行检查）	相关部门人员、监理单位	施工单位	每年不少于1次	根据工程进度和工程实际确定检查内容。其中，安全生产费用专项检查为必检	形成相关记录
4	日常检查	安全管理部门（专职安全生产管理人员）	—	施工单位	根据工程实际开展	施工现场安全生产情况	形成相关记录
		工程管理部门（工程管理人员）	—	施工单位	工程巡查时同步开展安全巡查	施工现场安全生产情况，施工方案落实情况等	形成相关记录

监理单位安全生产检查一览表

表10.2.2-2

序号	检查类型		组织方式			检查对象	频率（范围）	检查内容	备注
			组织参加	参与					
1	开（复）工前安全检查	开工前安全生产条件核查	总监理工程师	安全监理工程师、驻地办		施工单位	标段开工前	标段开工安全生产条件	形成检查记录
		分项工程开工前安全生产条件核查	总监理工程师或驻地监理工程师	专业监理工程师、安全监理工程师		施工单位	分项工程开工前	标段开工安全生产条件	形成检查记录
		复工检查	总监理工程师或驻地监理工程师	安全监理工程师、专业监理工程师		施工单位	复工前	复工安全生产条件	形成检查记录
2	定期检查		总监理工程师或分管安全生产副总监理工程师	工程、安全部门负责人、安全监理工程师、驻地监理工程师		施工单位	每月1次，检查所有标段	施工单位安全生产管理体系建立和运行情况（内业），施工现场安全生产情况（外业），事故隐患整改情况等	形成检查记录、通报，隐患督促整改台账
3	专控工序安全验收		专业监理工程师	—		施工单位	专控工序开始施工前	工序交接安全验收检查	形成验收记录。未通过不得进入下一道工序
4	日常检查（巡视）安全监理工程师		专业监理工程师	—		施工单位	主要工程每日不少于1次	施工现场安全生产情况（外业），重点安全检查人员、设备，施工安全生产措施与批准事项是否一致	形成隐患整改监理指令，有关情况报监理站
			安全监理工程师	—		施工单位	每周抽查10%的施工作业点	施工现场安全生产（外业）	形成安全监理日志

48

施工单位安全生产检查（隐患排查）一览表

表 10.2.2-3

序号	检查（排查）类型		组织方式			检查对象	频率（范围）	检查（排查）内容	备注
			组织	参与					
1	开（复）工前安全检查	开工自检	项目经理或项目总工程师	工程部门、合约部门、设备物资部门、安全部门		自检	项目开工前	开工安全生产条件	形成核查记录
		分项工程开工自检	项目经理或项目总工程师	工程部门、合约部门、设备物资部门、安全部门		自检	分项工程开工前	分项工程开工安全生产条件	形成核查记录
		复工检查	项目经理或项目总工程师	工程部门、合约部门、设备物资部门、安全部门		自检	复工前	复工安全生产条件	形成核查记录
2	定期检查（隐患排查）		项目经理	工程部门、合约部门、设备物资部门、安全部门		自检	每月不少于1次，全面排查	所有作业场所、作业点、人员与设备、作业活动的事故隐患排查	形成排查记录和隐患排查治理台账
3	不定期检查（专项、季节性检查等）		项目部领导班子或主管部门负责人	主管部门相关人员、安全部门相关人员		自检	每个部门每年不少于1次	根据工程实际确定检查内容。其中，专业分包、劳务合作单位安全履约检查为必检	形成记录
4	重大事故隐患排查		项目经理	工程部门、合约部门、设备物资部门、安全部门		自检	每周1次	按重大事故隐患基础清单进行排查	形成记录
5	日常检查（隐患排查）		专职安全生产管理人员	—		自检	每日，检查责任范围内不少于50%的施工作业点	施工现场安全生产情况、施工现场安全隐患排查（外业）	形成施工安全日志，一人一本
			施工技术人员	—		自检	每日	现场检查生产、进度、质量、技术安全的同时进行施工现场安全隐患巡查和施工现场隐患排查（外业）	形成施工日志
			班组长	班组安全协管员		自检	每班班前、班中、班后	施工人员安全作业情况（外业）	形成记录或影像资料

10.3 安全生产检查方法

10.3.1 安全生产检查可采用以下方式：查阅文件、记录、台账、报表等资料；召开座谈会；询问与核查；书面考试；现场检查；检验检测等。其中，施工作业人员教育培训成效检查应采取询问与核查、书面考试等方式。

10.3.2 各参建单位应保证用于日常安全生产巡查、检查用的车辆处于良好状态。

10.4 安全生产检查类型及频次

10.4.1 安全生产检查类型

1 工程项目安全生产检查的主要类型包括：开（复）工安全生产检查、定期安全生产检查、不定期安全生产检查、日常安全生产检查（巡查）。

2 开工安全生产检查主要包括工程项目开工前安全生产条件核查和分项工程开工前安全生产条件核查。建设、监理单位应将开工前安全生产条件核查作为标段开工的前置条件，应将分项工程开工前安全生产条件核查作为分项工程开工的前置条件。

3 复工安全生产检查主要包括停工令后复工、停工后复工等的检查。

4 定期安全生产检查主要包括月度检查、季度检查、年度检查等。定期安全生产检查一般应由各单位负责人组织开展。

5 不定期安全生产检查主要包括：专项安全生产检查、季节性安全生产检查。专项安全生产检查是针对某项专业或某种事故隐患而开展的安全生产检查。季节性安全生产检查是为了防止或避免天气变化对安全生产带来的不利影响而开展的专门检查。专项安全生产检查和季节性安全生产检查一般应由建设、监理、施工单位各分管负责人组织开展。

6 日常安全生产检查主要包括：建设、监理、施工等参建单位专职安全生产管理人员在施工现场进行的巡查检查；建设单位工程技术管理人员、专业监理工程师、施工单位工程技术、设备物资等部门人员在现场检查生产、进度、质量、技术的同时进行的安全生产巡查；班组长和班组安全协管员进行的班前、班中与班后的安全生产检查和隐患排查。

10.4.2 建设、监理、施工单位各类安全生产检查频次应符合表10.2.2-1~表10.2.2-3 的规定。

10.5 安全生产检查整改程序

10.5.1 安全生产检查（事故隐患）整改程序应包括：整改通知、隐患整改与自验、整改回复、复查验证、建立台账、统计分析、持续改进。

10.5.2 建设、监理、施工等参建单位的安全生产检查情况应形成记录。检查人员在安全生产检查中发现违章指挥、违章作业行为的，应责令其立即停止作业，并督促整改。检查人员在安全生产检查中发现事故隐患的，能立即整改的应立即整改，不能立即整改的应下发隐患整改通知或监理指令，明确整改责任主体、整改要求、整改期限，宜附事故隐患图片，发送给受检单位负责人，要求受检单位整改，并履行双方签字手续；情节严重的，应立即下达工程暂停令，并及时报告主管领导。

10.5.3 受检单位收到隐患整改通知或监理指令后，应按要求开展隐患整改，做到隐患整改五落实，即"方案落实、措施落实、资金落实、进度落实、责任落实"，按时完成整改。在隐患整改过程中，隐患整改责任单位应采取相应的安全防范措施，防止事故发生。隐患排除前或者排除过程中无法保证安全的，应撤出危险区域内作业人员、疏散可能危及的其他人员，并设置警戒标志，暂时停产、停工，直至整改完成。对于重大事故隐患，应制订并实施隐患治理方案，限期进行整改。

10.5.4 隐患整改完成自查合格后，受检单位应以书面形式向检查单位报送隐患整改回复资料。

10.5.5 检查单位接到整改复查报告和/或整改回复后，应及时复查隐患整改情况，合格后方可销号。应形成复查情况文字记录，并留存隐患整改完成后照片。

10.5.6 建设、监理、施工等参建单位应指定专人，汇总各类安全生产检查（隐患排查）发现的事故隐患，建立台账，动态更新隐患整改完成情况。对未按时完成整改的隐患，应列为重点，持续跟进，直至完成整改。施工单位应定期向从业人员通报隐患排查治理情况。

10.5.7 建设、监理、施工等参建单位应按季度对隐患排查和安全检查发现的事故隐患进行统计、分析，查找突出问题，分析产生的原因和安全生产管理体系中存在的缺陷，提出改进措施，形成事故隐患分析，在后续工作中对突出问题进行重点跟踪整治。

10.5.8　建设、监理、施工等参建单位应根据季度事故隐患统计分析，对当前存在的主要的安全隐患和管理缺陷提出针对性的整治、防范、改进措施，并按"五定"原则落实整改，消除安全隐患，持续改进提高，有效管控安全风险。

11 安全生产应急管理

11.1 一般规定

11.1.1 建设、监理、施工等参建单位应当加强生产安全事故应急工作，建立健全生产安全事故应急工作责任制，其主要负责人对本单位的生产安全事故应急工作全面负责。

11.1.2 建设、监理、施工等参建单位应当针对本单位可能发生的生产安全事故的特点和危害，进行风险辨识和评估，制订相应的生产安全事故应急救援预案，并经评审、审查合格后向全员公布、交底，按规定向建设、监理、地方监督管理部门备案。

11.1.3 生产安全事故应急救援预案应当符合有关法律、法规、规章和标准的规定，具有科学性、针对性和可操作性，明确规定应急组织体系、职责分工以及应急救援程序和措施。

11.1.4 建设、监理、施工等参建单位主要负责人应负责组织编制和实施本单位的应急预案，吸收与应急预案有关的职能部门和单位（如劳务单位）的人员以及有现场处置经验的人员参加编制，并对应急预案的真实性和实用性负责。各分管负责人应当按照职责分工落实应急预案规定的职责。

11.1.5 工程项目安全生产应急管理应遵循"以人为本、居安思危、预防为主"的原则。

11.1.6 施工单位应做好应急救援保障，建立健全应急救援队伍，应急物资设备工器具按清单购买、储备到位，教育、培训、演练到位，保证召之即来、来则能战。

11.2 应急预案

11.2.1 项目应急预案体系

1 建设单位综合应急预案：建设单位应根据工程项目建设条件、自然环境、工程特点和风险特征等，制订工程项目生产安全事故综合应急预案。

2 施工单位应急预案：施工单位应根据建设单位综合应急预案，编制标段生产安全事故综合应急预案、专项应急预案、现场处置方案。

1）综合应急预案：施工单位应根据工程特点，编制标段生产安全事故综合应急预案，作为应对各种生产安全事故的综合性工作方案。施工单位综合应急预案应与建设单位及其直接上级单位综合应急预案相衔接。

2）专项应急预案：施工单位应在风险（危险）源辨识和风险评估基础上，结合施工工艺、地质、水文和气候等实际情况，编制桥梁、隧道、深基坑、高边坡、营业线及邻近营业线、工程线施工等专项应急预案。施工单位应根据专项风险评估规定和评估结果，对专项风险等级为高及以上的施工，分类编制相应专项应急预案，明确重大风险（危险）源的监测、控制、预警和应急处置措施等。

3）现场处置方案：施工单位应根据生产安全事故类别，制订作业、装置或设施的现场处置方案。

11.2.2 应急预案内容

1 综合应急预案应包括应急组织机构及其职责、应急预案体系、事故风险描述、预警及信息报告、应急响应、保障措施、应急预案管理等内容。

2 专项应急预案应包括应急指挥机构与职责、处置程序和措施等内容。

3 现场处置方案应包括应急工作职责、应急处置措施和注意事项等内容。

4 应急预案应包括应急组织机构和人员的联系方式、临灾转移机制、应急物资储备清单等。附件信息发生变化时，应及时更新，确保准确有效。建设、施工单位应急预案编制的具体要求应参照《生产经营单位生产安全事故应急预案编制导则》《生产安全事故应急预案管理办法》等规定。

11.2.3 应急预案实施

1 应急预案经评审或论证后,应由本单位负责人签署发布,并及时印发给本单位有关部门、岗位和相关应急救援队伍。其中,建设单位的综合应急预案应在工程项目开工前发布,并及时印发给监理、施工单位。施工单位的应急预案应在工程实施前发布。施工单位的现场处置方案应在施工前以书面形式发给岗位作业人员。

2 各单位应急预案的备案应参照属地相关规定执行。

3 各单位应将应急预案的培训纳入安全生产教育培训工作计划,开展应急预案、应急知识、自救互救和避险逃生技能的教育培训,使有关人员了解应急预案内容,熟悉应急职责、应急处置程序和措施。应急培训的时间、地点、内容、师资、参加人员和考核结果等情况应如实记入本单位的安全生产教育培训档案。

4 建设单位应建立工程项目应急物资、设备储备清单,并定期检查更新。应急救援需要时,应统筹调配参建单位应急资源。

5 建设单位应联络工程项目所在地的气象、水利、地质等相关部门,及时获得预警信息,并应及时通报施工单位和监理单位。施工、监理单位应有专人负责接收工程项目建设方、气象等机构和部门公开发布的预警信息。

6 应急预案编制单位应建立应急预案定期评估制度,对预案内容的针对性和实用性进行分析,对应急预案是否需要修订做出结论,并按要求每 3 年进行一次应急预案评估。

7 应急预案修订涉及组织指挥体系与职责、应急处置程序、主要处置措施、应急响应分级等重要内容变更的,应按预案编制、审批、备案程序重新进行。

8 发生事故时,施工单位应第一时间启动应急响应,组织有关力量进行救援,并按照规定将事故信息及应急响应启动情况报告上级单位、建设单位以及县级人民政府应急管理部门和其他相关监督管理部门。

9 生产安全事故应急处置和应急救援结束后,事故发生单位应对应急预案实施情况进行总结评估。

10 对于在应急预案管理工作中做出显著成绩的单位和人员,应给予表彰和奖励。

11.3 应急演练

11.3.1 应急演练可采用桌面演练、实战演练等形式。

11.3.2 建设单位每年应组织至少 1 次项目综合应急预案演练;施工单位每年应组织至

少 1 次综合或专项应急预案演练，每半年应组织至少 1 次现场处置方案演练。监理单位应督促施工单位编制应急演练计划，并参与应急演练。

11.3.3 应急演练结束后，组织单位应评估应急演练效果，撰写应急演练评估报告，分析存在的问题并改进完善；若有必要，应对应急预案提出修订意见。

12 生产安全事故管理

12.1 生产安全事故等级

12.1.1 根据国务院《生产安全事故报告和调查处理条例》（国务院第493号令）规定，按照生产安全事故造成的人员伤亡或者直接经济损失，生产安全事故分为以下等级：

1 特别重大事故，是指造成 30 人以上死亡，或者 100 人以上重伤（包括急性工业中毒，下同），或者 1 亿元以上直接经济损失的事故。

2 重大事故，是指造成 10 人以上 30 人以下死亡，或者 50 人以上 100 人以下重伤，或者 5000 万元以上 1 亿元以下直接经济损失的事故。

3 较大事故，是指造成 3 人以上 10 人以下死亡，或者 10 人以上 50 人以下重伤，或者 1000 万元以上 5000 万元以下直接经济损失的事故。

4 一般事故，是指造成 3 人以下死亡，或者 10 人以下重伤，或者 1000 万元以下直接经济损失的事故。

5 本条所称的"以上"包括本数，所称的"以下"不包括本数。

12.2 铁路交通事故处理

12.2.1 铁路交通事故处理应按《铁路交通事故应急救援和调查处理条例》（国务院第501号令）执行。

12.3 生产安全事故报告及响应

12.3.1 事故发生后，事故现场有关人员应立即向本单位负责人报告；单位负责人接到报告后，应于 1 小时内向事故发生地县级以上人民政府应急管理部门和负有安全生产监督管理职责的有关部门报告。情况紧急时，事故现场有关人员可直接向事故发生地县级以上人民政府应急管理部门和负有安全生产监督管理职责的有关部门报告。

12.3.2 事故发生后，施工单位还应立即报告监理单位和建设单位，建设单位接到报告后，应向事故发生地上述有关主管部门报告。

12.3.3 事故报告的主要内容如下：
1 事故发生的简要概况。
2 事故发生的时间、地点以及现场情况。
3 事故的简要经过和当前状态。
4 事故已经造成或者可能造成的伤亡人数（包括下落不明的人数），以及初步估计的直接经济损失。
5 已经采取的控制措施。
6 对事态发展的初步评估（如果有）。
7 报告人（或单位）姓名（或名称）、联系方式。
8 其他应报告的情况。

12.3.4 事故发生后，事发单位应迅速启动应急预案，进行先期处置，减少人员伤亡，防止事故扩大；组织救援时，应妥善保护事故现场和相关证据，任何单位和个人不得破坏事故现场、毁灭证据；因抢救人员、防止事故扩大以及疏通交通等原因，需要移动事故现场物件的，应做出标记，绘制现场简图，并做出书面记录，妥善保存现场重要痕迹、物证。事故调查处置期间，施工单位项目主要负责人不得擅离职守。

12.3.5 事故发生后24小时内，应形成书面报告并上报。事故报告后出现新情况的，应及时补报。自事故发生之日起 30 日内，事故造成的伤亡人数发生变化的，应及时补报；道路交通事故、火灾事故自发生之日起 7 日内，事故造成的伤亡人数发生变化的，应及时补报。

12.3.6　事故得到有效控制后，现场应急指挥部应及时宣布应急救援结束、终止，立即接续开展或配合开展善后处理、事故调查。

12.4 事故处理

12.4.1　发生责任安全生产事故，要按"四不放过"原则严肃处理，在事故调查结束后，事故单位应及时对有关责任人进行追责处理。触犯刑律的，由法院、公安机关审理和追究刑事责任。

12.4.2　应结合生产安全事故，对全体员工进行教育，深刻吸取事故教训，认真落实事故防范措施。

13 安全生产内业资料管理

13.1 一般规定

13.1.1 安全生产内业资料是指工程项目建设过程中，建设、监理、施工单位在安全生产工作过程中形成的具有保存和利用价值的文字、图表、声像以及电子文档等不同形式载体的记录。安全生产内业资料管理应遵循完整、全面、真实、归档及时的原则，随工程进度同步收集、整理和保存，做到分类科学、组卷合理、目录规范、排列有序、美观整齐。

13.1.2 建设、监理、施工单位安全生产内业资料应按照规定的管理类别进行归档，按照"谁办理、谁整理、谁归档"的原则进行保管。根据"一岗双责"的要求，建设、监理、施工单位安全生产管理部门和相关职能部门应指定人员负责本部门职责范围内安全生产内业资料管理工作，按年度收集、整理、归档和保管在工程项目建设过程中形成的安全生产内业资料。

13.1.3 安全生产内业资料应按照规定的编号进行归档。编号由安全代码、单位代码、归档编号、归档年度和卷号组成（图13.1.3-1）。安全生产内业资料组卷应参照档案要求，卷内目录见图13.1.3-2，卷内封面、封底见图13.1.3-3，卷内文件资料可用阿拉伯数字进行编页打码（文件资料正面右侧页脚和背面左侧页脚应打码，汇编成册资料可不打码）。

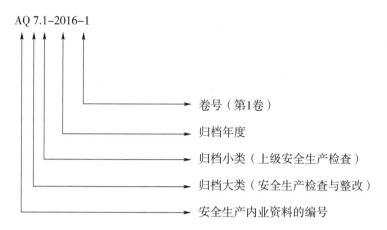

图 13.1.3-1 安全生产内业资料编号

注：安全生产内业资料代码统一用英文字母 AQ 表示；归档编号：由 AQ 归档属类 - 归档年度 - 卷号组成

_____ 卷内目录

序号	资料名称	序号

图 13.1.3-2 安全生产内业资料卷内目录

安全生产内业资料归档封面

分类号	年度	编号

安全生产内业资料

建档时间　　　　　年　月　日

安全生产内业资料归档封底

卷内备考表

本卷情况说明：

立卷人：　　　　年　月　日
审查人：　　　　年　月　日

图 13.1.3-3 安全生产内业资料卷内封面、封底

13.1.4 安全生产内业资料文件盒宜采用浅蓝色塑料盒或无酸纸档案盒。盒背脊应标明"分类归档资料名称"和"安全代码、单位代码、归档属类-归档年度-卷号"（图13.1.4）。应根据归档名称组盒，归档属类相同的卷内资料可放入同一个盒子；也可根据实际情况，同一归档属类资料设多个文件盒，文件盒的编号在归档属类编码后增加-01、-02、-03，依次类推。

说明：
1. 背脊长18.5cm，宽一般不超过7cm。
2. 底色为白底。
3. 上方为本单位或上级主管单位的彩色标志。
4. 中间为归档名称（黑色、黑体）。
5. 下方为归档编号：AQ归档属类-归档年度-卷号（黑色、黑体）。
6. 每一个归档属类可设多个文件盒，按顺序编排。

图 13.1.4　安全归档资料盒脊背样式

13.1.5 安全生产内业资料管理应与工程建设同步，收集至缺陷责任期结束，并有效保存至竣工验收之日后3年（生产安全事故资料应长期保持）。部分安全生产管理文件应按要求纳入竣工资料中长期保存。各职能部门资料归档另有规定的应按其规定执行。

13.2　归档范围及要求

13.2.1 建设单位安全生产内业资料归档范围及要求应符合表13.2.1的规定。

建设单位安全生产内业资料归档范围及要求　　　表13.2.1

类别	内容	归档部门
安全生产组织机构及人员	安全生产组织机构图、组织机构成立相关文件	安全部门
	管理人员名册、各岗位职责资料	综合部门
	主要负责人、安全生产管理人员台账及相关资格材料	安全部门

续上表

类　别	内　容	归档部门
安全生产责任制及考核	工程项目安全生产目标	安全部门
	工程项目安全生产管理策划方案及年度安全生产工作计划、总结等资料	安全部门
	安全生产责任书	安全部门
	安全生产责任制考核奖惩资料	安全部门
安全生产制度	适用的法律法规汇编等资料	安全部门
	安全生产制度汇编、发文、宣贯等资料	安全部门
安全风险评估与预控	各类经济合同（有安全生产内容的）、安全合同	合约部门
	工程项目各类安全风险评估台账	工程部门、安全部门
	工程项目各类安全风险评估资料	
安全生产会议	安全例会纪要及相关资料，安全生产其他专题会议纪要及相关资料	安全部门
安全生产费用管理	施工单位安全生产费用清单、计划等资料	合约部门、安全部门
	施工单位安全生产费用计量支付台账，申报、审批、支付凭证等资料	
	本单位内部安全生产费用使用资料	安全部门、综合部门
安全教育培训	安全教育培训计划	安全部门
	内部安全教育培训资料	各部门
	建设单位对监理、施工单位培训资料	安全部门
安全技术管理	施工组织设计（安全技术措施）和危险性较大工程专项施工方案报备资料	工程部门、安全部门
安全生产检查	安全生产定期、不定期检查等检查通报及整改回复文件	各部门
	日常安全检查和整改记录	各部门
	上级有关部门的安全生产检查通报或整改回复文件	安全部门
生产安全事故管理	生产安全事故台账及相关报表	安全部门
安全生产应急管理	工程项目综合应急预案、本单位内部应急预案及报备资料	各部门
	应急预案演练方案、记录、评估等资料	各部门
	施工单位应急预案报备资料	安全部门
"平安工地"建设评价	工程项目"平安工地"建设活动方案及相关要求资料	安全部门
	开工前安全生产条件核查资料	安全部门
	建设单位自评资料	安全部门
	建设单位对监理、施工单位定期评价资料（含评价通知、结果通报及存在问题的整改回复资料）	安全部门
法律法规规定的其他资料		安全部门

13.2.2 监理单位安全生产内业资料归档范围及要求应符合表13.2.2的规定。

监理单位安全生产内业资料归档范围及要求　　　表13.2.2

类　　别	内　　容	归档部门
安全生产组织机构及人员	安全生产组织机构图、组织机构成立相关文件	安全部门
	监理人员名册、各岗位职责资料	综合部门
	主要负责人及安全生产管理人员台账及相关资格资料、监理人员调换与进退场报批文件	安全部门
安全生产责任制及考核	本单位安全生产目标	安全部门
	安全生产责任书	安全部门
	安全生产责任制考核奖惩资料	安全部门
安全生产制度	监理计（规）划及报批文件	安全部门
	安全监理细则及报批文件	安全部门
	安全生产制度及报批文件	安全部门
	（试验）操作规程汇编	中心试验室
安全生产会议	安全例会纪要及相关资料，安全生产其他专题会议纪要及相关资料	安全部门
安全风险评估与预控	各类经济合同（有安全生产内容的）、安全合同	合约部门
	所监理合同段安全风险评估台账及审批资料	安全部门
安全生产条件核查	施工单位安全生产许可证等资质台账及资料	安全部门
	审核施工单位安全体系资料（含"三类人员"台账及相关资格资料）	安全部门
	审核特种作业人员进场资料，审查特种作业人员月度统计表等资料	安全部门、驻地办
	审核特种设备使用资料，审查特种设备月度统计表等资料	
安全生产费用审查	审核安全生产费用使用计划资料	合约部门、安全部门
	审核施工单位安全生产费用使用资料（含相关凭证）	安全部门
	审核施工单位安全生产费用明细及计量支付资料	合约部门
	监理单位内部安全生产费用使用资料	安全部门、综合部门
安全技术措施和专项施工方案审查	审查施工组织设计资料（含相关安全技术措施）	工程部门
安全技术措施和专项施工方案审查	审查各类专项施工方案资料	工程部门
	审查临时用电专项施工方案资料	安全部门
	专控工序安全验收资料	驻地办
安全生产教育培训	安全教育培训计划	安全部门
	内部安全教育记录	各部门
	外部培训考核记录	安全部门

续上表

类　别	内　容	归档部门
安全生产检查	安全生产定期、不定期检查等检查通报及整改回复文件	各部门
	安全日常检查和整改记录	各部门
	事故督促整改治理台账	安全部门
	上级有关部门的安全生产检查通报或整改文件	安全部门
生产安全事故管理	生产安全事故台账及相关报表	安全部门
安全生产应急管理	审批施工单位应急预案资料	安全部门
	审查施工单位应急预案演练记录资料	安全部门
"平安工地"建设评价	"平安工地"建设评价方案及相关要求	安全部门
	监理单位、施工单位建设评价自评表	工程部门、安全部门
	对施工单位定期评价资料（含评价通知、结果通报及存在问题的整改回复资料）	工程部门、安全部门
	法律法规规定的其他资料	安全部门

13.2.3 施工单位安全生产内业资料归档范围及要求应符合表13.2.3的规定。

施工单位安全生产内业资料归档范围及要求　　　表13.2.3

类　别	内　容	归档部门
安全生产组织机构及人员	安全生产组织机构图、组织机构成立相关文件	安全部门
	管理人员名册、各岗位职责资料	安全部门
	安全生产许可证等资质资料、证书原件或复印件	安全部门
	"三类人员"（含专业分包、劳务合作单位）台账，证书原件或复印件	安全部门
安全生产责任制及考核	本单位安全生产目标	安全部门
	合同段安全生产管理策划方案及年度安全生产工作计划、总结等资料	安全部门
	本单位各层级安全生产责任书、员工进场安全生产承诺书	安全部门
	本单位安全生产责任制考核奖惩资料	安全部门
安全生产制度	适用的法律法规汇编等资料	安全部门
	施工单位安全生产制度汇编	安全部门
	各工种、机械设备操作规程	设备物资部门
安全风险评估与预控	各类经济合同（有安全生产内容的），包括与分包或租赁单位签订的分包协议及安全合同等	合约部门
	风险（危险）源识别，重大风险（危险）源登记、监控管理方案等资料（含专项风险评估资料）	工程部门
	岗位安全告知书等资料	工程部门
安全生产会议	安全例会纪要，安全生产其他专项会议纪要	安全部门
	项目负责人带班计划及相关资料	工程部门

续上表

类　别	内　容	归档部门
安全生产费用	安全生产费用使用计划资料	安全部门、合约部门
	安全生产费用使用资料（含相关凭证）	财务部门
	安全生产费用明细及计量支付资料	合约部门
安全教育培训	安全教育培训计划	安全部门
	安全教育记录	安全部门
	施工管理人员年度培训考核记录	安全部门
	新入场人员三级安全教育考核记录	安全部门
	专职安全生产管理人员年度培训考核记录	安全部门
	特种作业人员培训考核记录	安全部门
	班组安全活动记录	安全部门
安全方案	施工组织设计（含相关安全技术措施）	工程部门
	各类专项施工方案（超过一定规模危险性较大工程需附专家论证资料）	工程部门
	临时用电专项施工方案交底	工程部门
安全技术交底	安全生产技术交底书及记录	工程部门
	采用新工艺、新技术、新材料的安全交底书及记录	工程部门
安全生产检查（隐患排查治理）	事故隐患排查治理台账	安全部门
	安全生产定期检查、不定期检查等检查记录及整改资料	各部门
	安全日常检查和整改记录	各部门
	施工、安全日志	工程部门、安全部门
	上级有关部门及建设单位、监理单位等的安全生产检查通报或整改文件	安全部门
人员管理	全员劳动用工登记资料	人事部门
	特种作业人员台账，从业资格证原件或复印件	人事部门、设备物资部门
	电工巡查记录	设备物资部门
	安全生产责任险、人身意外伤害保险相关资料	人事部门
机械管理设备	施工机械分类管理台账、出厂合格证、检验验收、安装拆除、保养、维修记录等资料	设备物资部门
	特种设备台账、出厂合格证、检验验收、安装拆除、保养、维修记录等资料	设备物资部门
劳动防护用品及消防	安全用品台账	设备物资部门
	领取、更换、报废台账	人事部门
	消防器材台账，消防器材分布图	综合部门
危险品管理	危险品台账	设备物资部门
	领取、使用、位置等资料	安全部门

续上表

类　　别	内　　容	归档部门
生产安全事故管理	生产安全事故台账及相关报表	安全部门
应急管理	施工单位综合应急预案	安全部门
	专项应急预案	安全部门
	现场处置方案	安全部门
	应急预案演练记录	安全部门
"平安工地"建设评价	"平安工地"建设活动方案及相关要求	安全部门
	自评表及相关资料	工程部门、安全部门
	建设单位、监理单位定期评价通知及通报、整改回复资料	安全部门
	专业分包、劳务合作单位安全生产履约评价、奖惩资料	合约部门
法律法规规定的其他资料		安全部门

14 "平安工地"考核评价

14.1 一般规定

14.1.1 "平安工地"是项目从业单位以落实安全生产主体责任为核心，通过建立健全安全生产保障体系，推行安全风险管理和施工安全标准化管理，落实安全生产"一线三排"工作机制，强化事故隐患"零容忍"理念，不断推进施工现场安全文明与施工作业标准化、规范化有机统一，提升铁路建设安全管理水平，实现工地建设"零事故""零死亡"目标，保障项目建设本质安全的重要载体。

14.1.2 平安工地建设管理主要包括工程开（复）工前的安全生产条件审核，施工过程中的平安工地建设、考核评价等。在铁路工程"平安工地"建设过程中，鼓励从业单位积极开展安全生产科学技术研究，推广应用先进适用的生产技术、装备，稳步推进智能建造，提升信息化、数字化水平，不断加强和改进安全生产管理。

14.1.3 省管铁路建设行政主管部门负责省管铁路"平安工地"建设监督管理工作，组织制定《铁路工程平安工地建设考核评价标准》，具体负责由省相关部门批复初步设计的铁路及国铁集团与广东省人民政府联合批复初步设计的省方控股合资铁路项目的年度"平安工地"考核评价工作，各地级以上市人民政府铁路建设行政主管部门协助配合。各地级以上市人民政府铁路建设行政主管部门负责由其（含受委托）审批初步设计的铁路工程项目的年度"平安工地"考核评价工作，沿线县级人民政府铁路建设行政主管部门协助配合。

14.1.4 建设、EPC总承包、监理、施工单位应按照《广东省交通运输厅关于印发铁路工程平安工地建设管理办法的通知》（粤交〔2021〕8号）的相关要求，通过实施施工安全标准化，推进铁路"平安工地"建设。

14.1.5 建设单位是项目"平安工地"建设考核评价的主体，应建立以实施施工安全标准化为核心的"平安工地"建设评价制度，依托定期和不定期安全检查，开展"平安工地"建设评价。

14.1.6 铁路工程实施EPC总承包的，总承包单位为施工分包单位管理主体，应当建立相应"平安工地"建设、考核、奖惩等制度，依托定期和不定期安全检查，对分包单位开展"平安工地"建设评价。

14.1.7 施工单位是"平安工地"建设的实施主体，应定期开展自我评价。

14.2 评价

14.2.1 施工单位应按照国家和行业现行有关标准保障安全生产条件，每月至少开展1次"平安工地"建设情况自查自纠，每季度至少组织1次自我评价，对扣分较多的指标及反复出现的突出问题，应当采取针对性措施加以解决，及时改进安全管理中的薄弱环节，并于每季度第1个月的5日前将上季度自评结果报监理单位审核。施工单位应参照"平安工地"评价制度和标准，制订专业分包、劳务分包单位安全履约评价制度和标准，定期开展专业分包、劳务分包单位安全履约评价。

14.2.2 监理单位应将"平安工地"作为安全监理的主要内容之一，严格执行安全生产检查、巡视和督促整改要求，每季度开展1次专项检查，审核施工单位自评结果，审核通过后报建设单位。

14.2.3 EPC（设计、采购、施工）总承包单位应当按照相关规定，每半年对分包单位组织1次"平安工地"建设考核评价，建立相应考核评价记录并及时存档，应当及时向建设单位报送考核评价结果。

14.2.4 建设单位应建立"平安工地"建设评价制度,加强督促检查,每半年组织1次对项目所有EPC总承包、监理、施工单位的全面评价，建立相应考核评价记录并及时存档。评价结果应及时报送地级以上市人民政府铁路建设行政主管部门。建设单位应通过建立扣分标准或设置权重方式，将监理审核结果和建设单位定期不定期安全生产检查（隐患排查治理）结果纳入"平安工地"建设评价。建设单位"平安工地"建设评价可通过购买服务方式，委托第三方安全技术管理服务机构开展。

14.3 奖惩

14.3.1 建设单位应将监理、施工单位"平安工地"建设评价结果，与施工合同中的安全奖挂钩，并纳入监理、施工企业信用评价。

14.3.2 对发生重伤及以上生产安全责任事故的监理、施工单位，应取消其当季度评优奖励的资格。